Dados Internacionais de Catalogação na Publicação (CIP)
(Câmara Brasileira do Livro, SP, Brasil)

Navarri, Pascale
   Moda & inconsciente : olhar de uma psicanalista / Pascale Navarri ; tradução de Gian Bruno Grosso. – São Paulo : Editora Senac São Paulo, 2010.

   Título original: Trendy, sexy et inconscient: regards d'une psychanalyste sur la mode
   Bibliografia.
   ISBN 978-85-7359-937-4

   1. Moda – Aspectos psicológicos 2. Psicanálise – Aspectos psicológicos 3. Vestuário – Aspectos psicológicos I. Título.

10.00748   CDD-391.019

Índice para catálogo sistemático:
1. Moda e inconsciente : Psicologia   391.019

Pascale Navarri

Moda & inconsciente
olhar de uma psicanalista

Tradução
Gian Bruno Grosso

Editora Senac São Paulo - São Paulo - 2010

ADMINISTRAÇÃO REGIONAL DO SENAC NO ESTADO DE SÃO PAULO
Presidente do Conselho Regional: Abram Szajman
Diretor do Departamento Regional: Luiz Francisco de A. Salgado
Superintendente Universitário e de Desenvolvimento: Luiz Carlos Dourado

EDITORA SENAC SÃO PAULO
Conselho Editorial: Luiz Francisco de A. Salgado
Luiz Carlos Dourado
Darcio Sayad Maia
Lucila Mara Sbrana Sciotti
Jeane Passos de Souza

Gerente/Publisher: Jeane Passos de Souza (jpassos@sp.senac.br)
Coordenação Editorial/Prospecção: Luís Américo Tousi Botelho (luis.tbotelho@sp.senac.br)
Dolores Crisci Manzano (dolores.cmanzano@sp.senac.br)
Administrativo: grupoedsadministrativo@sp.senac.br
Comercial: comercial@editorasenacsp.com.br

Edição de Texto: Adalberto Luís de Oliveira
Preparação de Texto: Maria Viana
Revisão de Texto: Angelo Gabriel Rozner, Cleber Siqueira, Jussara R. Gomes, Kimie Imai
Projeto Gráfico e Editoração Eletrônica: Antonio Carlos De Angelis
Capa: Emerson Basso
Impressão e Acabamento: Melting Color

Traduzido de *Trendy, sexy et inconscient: regards d'une psychanalyste sur la mode*
Pascale Navarri
© Presses Universitaries de France, 2008

Proibida a reprodução sem autorização expressa.
Todos os direitos desta edição reservados à
Editora Senac São Paulo
Rua 24 de Maio, 208 – 3º andar – Centro – CEP 01041-000
Caixa Postal 1120 – CEP 01032-970 – São Paulo – SP
Tel. (11) 2187-4450 – Fax (11) 2187-4486
E-mail: editora@sp.senac.br
Home page: http://www.livrariasenac.com.br

© Edição brasileira: Editora Senac São Paulo, 2010

Sumário

Nota da edição brasileira, 9

Apresentação da edição brasileira, 11
Mauro Pergaminik Meiches

Agradecimentos, 17

Introdução, 19
Por que um ensaio psicanalítico sobre a moda?, 23
"*You just feel it!*" A moda é isto: tem que sentir!, 25

Uma urgência da moda: tocar com o olhar, 29
A vulnerabilidade e os "óculos protetores" da moda, 31
Permanecer visíveis, uma luta contra a indiferença?, 32
Primeiros olhares, 34
Primeiras estrelas, a completude narcisista, 38
O espelho, jogo ou imperativo implacável, 40
Lembranças traumáticas, 42

Imitar, rivalizar, a ameaça do clone?, 45
Imitação e rivalidade, 46
Elaboração progressiva da identidade da moda, 47
A moda e o romance familiar, 51
Partilhas fantasiosas, 55
Da rivalidade à clonagem, 58

Modelos fascinantes ou inquietantes, 65
"Um corpo magro e ágil como uma borboleta", 66
O visual-auto-*sexy*, 68
O código de barra identitário da anorexia de moda, 71
A androginia na moda por transferência híbrida?, 74
Uma segunda pele corporal e indumentária, 78

A caminho de novos *dress codes*?, 81
O local de trabalho exige traje adequado!, 82
"Porque eu mereço!", 85
Os limites do *dress code* de moda, 89
Dress code de moda e passagem ao ato, 95
Da provocação ao recuo, 98

A moda masculina: perto do desaparecimento das "belas diferenças"?, 101
Os esportistas representam uma tendência, 102
Metrossexuais, 104
Os hermafroditas modernos ou pós-adolescentes?, 107
Ego casting e sublimação, 110
Uma busca identitária complexa, 112
Reação pós-traumática ou neutralização?, 116

A moda e a infância: paradoxos, 121
O luxo desde a infância: uma volta ao passado?, 122
"Transferências narcisistas": dos adultos para as crianças, 124
A moda e a "confusão das línguas" entre adultos e crianças, 126
A "adultização" dos pequenos a serviço do infantilismo dos grandes, 131
O universal "culto da juventude", 133

Fashion victims, 137
Sobressair-se do grupo, custe o que custar, 138
O vício "moda", uma "*cronopatia*", 141

A moda, um dos fenômenos transicionais da adolescência, 142
Quando o jogo da moda perde sua capacidade transicional, 145
A rivalidade com a imagem de uma mãe arcaica idealizada, 149

Escravos e algozes da moda?, 155
Shockvertising, propaganda chocante?, 156
A banalização do erotismo, 160
Jogos eróticos e medos, do fetichismo ao sadomasoquismo, 165
Cumplicidade dos masoquismos, 169
O trabalho de sublimação empobrece, 170

A marca: um terceiro elemento protetor e/ou mal-estar identitário, 175
A marca, um terceiro elemento protetor contra a megalomania, 177
Psicopata americano: a identidade se dissolve na marca, 180
Funcionamento da marca como fetiche, 184
O acessório, a marca e a ilusão de identidade, 186

O olhar torna-se sombrio: tentações melancólicas da moda, 191
Buraco e *piercing*: representação simbólica *fashion* de uma agressão?, 193
Jovens múmias, 197
"*Cronopatas*" e tanatófilos, 198
Jogos cínicos?, 201
A moda se transforma em zombaria, 203
A sombra do si mesmo corporal grandioso se lança sobre o eu, 204

Conclusão, 207
A última moda, 207

Nota da edição brasileira

É preciso sublimar o senso comum para compreender a moda e seu alcance. Muito além do superficial, a moda reflete os padrões estéticos de uma época, que elege e condena, que conforta e perturba. Sob a ótica da psicanálise, Pascale Navarri discorre sobre narcisismo, necessidade de imitação e rivalidade; analisa a atual androginia no mundo da moda e as novas formas de se relacionar com o corpo por meio de tatuagens, *piercings*, cirurgias e dietas extremas; apresenta os reflexos da moda nos ambientes de trabalho, na publicidade e nas *fashion victims*.

Moda & inconsciente: olhar de uma psicanalista é uma importante contribuição do Senac São Paulo para a melhor compreensão das atitudes dos indivíduos perante as diversas pressões sociais sintetizadas, aqui, na figura da moda. E, mais importante, a obra convida o leitor a fechar os olhos para aquilo que o cerca e voltar-se para dentro de si, analisando os mecanismos que o fazem agir e reagir com a moda – e, por extensão, com o universo do efêmero, efêmeros que somos.

Apresentação da edição brasileira

A moda é assunto onipresente em nossos dias. As últimas tendências, os desfiles, a cobertura da mídia, a cultura das celebridades e suas atitudes, o que disseram hoje, o que disseram ontem, ocupam o espaço público de tal maneira que o sujeito contemporâneo vai-se amestrando para obedecer em graus variados a um imperativo que lhe dita regras e do qual ele mal discerne o funcionamento. De alguma forma nada sutil tampouco sub-reptícia, a moda se tornou uma prática paradigmática de uma maneira de proceder na vida. Ela funciona com leis próprias e, acintosamente, parece determinar o modo de ser dos sujeitos no mundo, formatando uma época da subjetividade. A tirania que exerce se apoia sem dúvida em um dos circuitos pulsionais mais em destaque no tempo em que ora vivemos que é aquele denominado por Freud de escópico: ele tem como zona erógena o olho e como objeto o olhar. O grande ardil que esse circuito dispõe é aquele do fascínio, estado de plenitude imaginária que sempre nos esforçamos por constituir ou reconstituir através de quaisquer meios, mesmo aqueles a princípio inimagináveis, e que atentam contra a nossa integridade física. Somos seres capturáveis pelo fascínio do olhar. Da captura à prisão vai-se num... piscar de olhos!

Vestir-se na última moda ou apenas estar na moda em atitude são atos de devoção ao fascínio, daí sua força quase imantada. Entregar-se ao gozo de ser olhado, contemplado, esconde uma infinidade de coisas que habitam o recôndito da alma humana às quais o sujeito contemporâneo dificilmente tem acesso fora de um trabalho de análise pessoal. Então, quando essa infinitude de gozo opera em nós de maneira inconsciente, e que poderíamos qualificar de invasiva, escravizante da vida do sujeito, está caracterizado um quadro de alienação do qual dificilmente escapamos por livre arbítrio, ou por meio de uma decisão pessoal unilateral. Eis aí o terreno fértil para a efetivação de uma obediência, a maioria das vezes cega!

O que a moda transborda de seu próprio fazer para determinar atitudes sociais e políticas, bem como comportamentos em geral, o que sustenta inconscientemente certas escolhas de estilo, até chegar ao assunto abissal de como devem ser os corpos das pessoas, nada disso escapa ao olhar de Pascale Navarri neste livro. Encontramos aqui, que alívio!, reflexões "pausadas" (com tempo para acontecer) sobre esse fenômeno que está a toda hora imprimindo uma alta velocidade em nosso modo de vida, forçando a barra de fato para que sejamos outros em relação a nós mesmos, já que para os parâmetros da moda, estamos sempre em falta, aquém daquilo que nos era suposto/imposto. Seus ditames ultrapassam em muito a roupa que escolhemos, para alcançar até a maneira como devemos (*sic*) nos portar em relacionamentos interpessoais, como devemos (*sic*) sentir, o que e onde devemos (*sic*) comer, numa lista sem fim.

Este belo livro nos traz uma multiplicidade de assuntos relacionados ao império da moda e da atitude, sob o crivo daquilo que é o subtítulo da obra: "Olhar de uma psicanalista". Assim, o funcionamento da imagem numa ótica analítica se debruça sobre como se apresentam os modelos, o *semblant* anoréxico e sua relação com as exigências dos estilistas, a moda das roupas rasgadas, a série de imagens relacionadas ao mundo masculino da moda (o metrossexual, o ubersexual, o esportista), a tatuagem, o *piercing*, entre muitos outros. O livro é todo permeado de pequenas histórias clínicas, casos contados pela mídia e uma considerável incursão pela blogosfera, de onde surgem depoimentos impressionantes que apoiam as teses da autora. Usar esse circuito tão "na moda", também bastante imperativo, é mais um achado em sintonia com o assunto.

A invenção de modas, que em outros tempos significou a criação de estados superficiais e dispensáveis aos quais o sujeito era convidado a renunciar ("não invente moda!"), é tão incessante como são infindáveis as demandas originárias do narcisismo (estado de vigência plena do regime imaginário, do circuito pulsional escópico, da interrogação/insatisfação com a imagem de si). Não se sabe o que começa primeiro, mas isso não importa mais. Uma vez estabelecida a dinâmica que praticamente nos golpeia dia após dia, assim como golpeia nosso guarda-roupa do ano passado, torna-se bastante difícil a tarefa de refletir a respeito de tamanha inquietação e do tamanho do fenômeno. Assim tendem a ser os circuitos pulsionais: eles respondem à demanda que os aciona da maneira mais imediata possível, sem a menor consideração pelo lado catastrófico que alguns de seus movimentos podem acarretar para o sujeito escravizado.

Pascale Navarri fala dessa conjunção e do fato que a moda sempre esteve na moda. Falar dela é imemorial; nenhuma cultura deixou de se debruçar sobre o assunto. Sua argumentação ensaia interpretações das quais podemos concordar ou discordar, mas não podemos deixar de reconhecer a importância. Como exemplo, escolho a que responde a uma indagação minha de longa data: como alguém pode tatuar-se escolhendo na hora o motivo que decorará sua pele para todo o sempre? E se o sujeito se arrepender algum dia? Como isso não é levado em conta? Para a autora,

> Tratar sua própria pele como um simples tecido que se pode manipular à vontade seria uma maneira singular de se comportar em relação ao envoltório do próprio corpo, uma forma de dominação onipotente sobre um corpo que seria, então, mais possuído que integrado. (p. 193)

Trata-se de estabelecer um presente absoluto, eterno, de domínio e não de integração possível, "suprimindo" a morte e, sobretudo, a decadência. "O único projeto possível torna-se, então, o de morrer com a aparência da juventude." (p. 195)

São muitos os assuntos em conexão: em todos eles a supressão da passagem do tempo, e das diferenças fundamentais que compõem a vida humana, é destaque, como na interpretação do corpo da modelo anoréxica: "Trata-se de uma mulher cujo corpo permaneceu como era quando estava na adolescência", ou seja, um corpo de menino com seios. "Atualmente, um jogo reversível e momentâneo com a androginia deixa lugar, com efeito, a uma forma de androginia decorrente da supressão obrigatória das características distintivas por neutralização do feminino." (p. 76)

O horror à feminilidade, conceituado por Freud, volta literalmente à cena, perde sua especificidade de operador da vida psíquica na estruturação que todo neurótico faz em relação ao complexo de castração para se tornar motivo de uma fantasmagoria assustadora e poderosa, que arrasa corpos e vidas ao redor do planeta, espalhando epidemicamente mais uma onda de infelicidade. Existe na praça mais um ideal inalcançável ao qual nos devotaremos sem nenhuma chance de sucesso! Parece que os homens nunca deixarão de inventar motivos que incrementem o mal-estar estrutural que permeia qualquer universo cultural. É mais um trabalho incessante de Tânatos que, desta vez, sem meias-palavras, nos pega na carne e não esconde sua finalidade mortífera. Não é à-toa que se fala em vítimas da moda!

Ainda que a luta revele uma desigualdade covarde de forças, refletir e ponderar sobre o fenômeno continua a ser arma poderosa. Ao leitor, boa leitura!

Mauro Pergaminik Meiches
Psicanalista

Agradecimentos

Agradeço a Jean-Philippe Azulay, Olivier Ballet, Léa Cohen, Pascal Joly, Frédérique Lelan e Luce Melchior por terem gentilmente autorizado a inclusão de informações pessoais neste estudo, bem como a Alain Levamis por sua contribuição nos artigos anglo-saxões e a Patricia Vallet, responsável pelo centro de documentação do Museu da Moda de Marselha.

Introdução

Foi com um "bom velho *jeans*" – usado em um fim de semana consagrado às atividades esportivas – que entrei como um furacão em busca de um cinto em uma loja da moda que conheço bem e onde às vezes compro roupas. Após algumas amabilidades, a jovem responsável pela loja me olha com um jeito que eu poderia classificar de "gentil, desolador e severo" e me pergunta se eu sei que, há vários meses, não se usa mais *jeans* com cintura alta. Fico um pouco desconcertada, como se essa questão me despertasse para uma realidade que eu mal havia dimensionado. Efetivamente, sei vagamente que a moda é de cintura baixa, mas não podia supor que o "não se usa mais *jeans* de cintura alta" pudesse ser tão imperativo. Em lugar de lançar-me às explicações sobre a pertinência presumida do meu *jeans* em relação à atividade esportiva prevista para aquele dia (a equação esporte = roupa confortável não está necessariamente "na última moda"), decidi que outra calça, mais na moda, não seria inútil para mim e deixei a loja com um *jeans* de cintura baixa da marca "como deve ser" e com um cinto adequado... Com a sensação de ter traído um pouco o meu velho *jeans*... e uma certa perplexidade, alimentada por vários outros pensamentos, porque não aprecio exatamente esta modificação da minha silhueta. Além disso, a despesa, apesar de ter parecido bastante natural no momento, foi, entretanto, imprevista.

Quando chego ao clube esportivo, meu destino inicial, uma jovem, com quem habitualmente só tenho conversas esportivas, vem em minha direção acompanhada de um amigo e logo observam que estou com o *jeans* "X", sem se enganar nem sobre a marca, nem sobre o preço, que eles anunciam entre comentários elogiosos e admirados sobre o aspecto geral do vestuário. Como se o preço fizesse parte do *jeans*, o que me surpreende bastante. Em seguida, a jovem, observando gentilmente que o meu *top* não combina com o *jeans*, orienta-me sobre como resolver isso. Evidentemente, com um único golpe de vista, tudo é dito ou quase tudo.

Mais uma vez, sinto-me ao mesmo tempo sossegada e tranquila no que se refere "a estar na moda" com aquilo que visto. A esse respeito, penso no que disse Spencer, citado por Flügel: "O sentimento de estar perfeitamente bem-vestido proporciona às vezes uma paz que a própria religião não consegue dar".[1]

Algumas semanas mais tarde, entro em uma loja de marca para procurar o *top* adequado. Uma vendedora muito jovem,

---

[1] John Carl Flügel, *Le rêveur nu* (Paris: Aubier-Montaigne, 1982), p. 9. [1ª ed. 1930.]

que me recebe e me ajuda a encontrá-lo, me diz de repente muito gentilmente (Ah! Essa gentileza vai acabar por me parecer um pouco suspeita!) que gostaria de me confessar uma coisa; ela viu que eu estava usando o *jeans* "X"... mas o tamanho não convém nem um pouco, porque agora é necessário usá-lo bem justo; então, ela me aconselha vivamente a encontrar uma boa costureira... Eu saio da loja contente por ter recebido a "boa" informação, mas, mais uma vez, bastante perplexa. E a minha perplexidade será ainda maior quando, algumas semanas depois, fico sabendo, da boca de outra vendedora, que esse *jeans* deve ser usado com a bainha volteada...

Como pude renunciar a uma imagem pessoal, que me convinha, para trocá-la por outra menos satisfatória a meus olhos e abandonar tão rapidamente aquilo que considerava ser meu estilo? (Tal como o define Gary Harvey, estilista da Levi's: "Linguagem subliminar que exprime a forma como queremos ser percebidos".)[2]

Por que esse novo olhar externo, dotado de um conhecimento social que não avaliei em tempo hábil, se sobrepõe ao olhar habitual que tenho a respeito de mim e a qualquer outra consideração?

Como acontece com muitos entre nós, regularmente percorro as ruas da minha cidade durante várias horas em busca da roupa do momento, ou passo algum tempo a consultar revistas consagradas à moda, com grande prazer, às vezes sentindo uma leve ponta de culpa por mergulhar mais facilmente nelas do que em certas revistas científicas, não obstante

---

[2] Gary Harvey, *apud* Terry Jones *et al.*, *La mode aujourd'hui: fashion now*, Coleção Ícones (Paris: Taschen, 2006), p. 106.

todo o meu interesse e a aparente prioridade dessas leituras. Acontece-me também de abrir o guarda-roupa para constatar, diante de prateleiras repletas, que não tenho "nada para vestir", sentindo um pesar elementar em vez da gargalhada que deveria pontuar proposições tão bizarras sob o ponto de vista da objetividade. Talvez na identidade de quem formula essas proposições esteja em jogo a falta de alguma coisa, mas do quê? O que se torna crucial em uma situação tão irracional é uma imagem de si que, de repente, se desloca um pouco em relação àquilo que realmente se deseja. Censura-se o próprio guarda-roupa por ser antiquado, *"out"*, por não ser mais atual, como os artigos que as lojas não hesitam em anunciar regularmente. Não são as estações que pontuam esses repentinos questionamentos; parece tratar-se de outro tempo, o do desejo de um novo olhar sobre si, seu próprio olhar e o dos outros, deste elo tão particular entre o mundo interior daquele que se veste na moda e o mundo exterior e interior daqueles que o reconhecem assim. Trata-se de um investimento[*] no visual do presente em que algo novo deve surgir.

Além da ponta de impaciência daqueles que podem ser classificados na categoria dos que instintivamente não sentem isso e que são obrigados a seguir a orientação exterior, pareceu-me necessário examinar essa questão mais de perto.

---

[*] Para Freud, investimento designa ativação, capacidade de ligação e de relação entre as representações. (N. T.)

Por que um ensaio psicanalítico sobre a moda?

Bem poucos psicanalistas aventuraram-se em levar adiante suas investigações neste campo, apesar de ensaios notáveis, como os de John Carl Flügel[3] e Edmund Bergler,[4] terem marcado época. Pode ser que essa reticência tenha a ver com o fato de o assunto moda ter para os psicanalistas um cheiro de futilidade, que não combina com quem se relaciona diariamente com as complexidades da vida psíquica, que vão além daquilo que se manifesta à primeira vista? De fato, como ir do culto de uma deusa marcada pela superficialidade, "a deusa das aparências", para uma psicologia das profundezas do inconsciente? Será em razão de sua própria essência, o efêmero? Todavia, o inventor da psicanálise evidenciou que "o valor do efêmero tem em relação ao tempo um valor de singularidade".[5] Essa reticência teria algo a ver com a natureza do olhar?

A esse respeito, lembramos que durante a sistematização dos fundamentos do processo psicanalítico, Freud progressivamente instituiu uma situação em que o psicanalista se oculta da visão do paciente. Isso fez com que se manifestasse pela primeira vez a questão da frustração, necessária ao trabalho psíquico, como se, no início da psicanálise, "o ver-ser visto" representasse um obstáculo, o que não chegou a ser completamente teorizado por Freud. Mas tratava-se também de re-

---

[3] John Carl Flügel, *Le rêveur nu*, cit.
[4] E. Bergler, *Fashion and the Unconscious* (Madison: International Universities Press, 1987). [1ª ed. 1953.]
[5] Sigmund Freud, "Éphémère destinée", em *Résultats, idées, problèmes*, Coleção Bibliothèque de Psychanalyse (Paris: PUF, 1985), p. 234. [Artigo escrito em 1915-1916.]

conhecer de imediato a importância do olhar, tanto assim que podemos facilmente imaginar que as proposições de Freud sobre as "mais belas" mulheres[6] aplicavam-se particularmente às suas jovens e lindas pacientes, que lhe permitiram elaborar as bases da teoria psicanalítica. Atualmente, no que diz respeito à expansão das indicações da psicanálise, em que os dois protagonistas se "veem", renova-se ainda o lugar do olhar no processo analítico.

A escassez de estudos sobre a moda pode ter ainda a ver com o fato de que, no campo psicanalítico, podemos pensar que a moda não passa de um dos aspectos menores entre os múltiplos desdobramentos do narcisismo corporal? Se a moda está associada à estética e à criatividade, às vezes parece que ela só é colocada ao lado delas com o *status* de "primo pobre", dentro do que poderíamos chamar de uma escala psicanalítica do valor da criação.

Atualmente os historiadores, os sociólogos, os jornalistas ou os economistas que escrevem sobre moda não hesitam em apelar para a psicanálise para enriquecer sua compreensão do fenômeno. Mas, até recentemente, sobretudo quando a moda estava no estágio em que fazia a exibição crua de elementos sexuais, a psicanálise era solicitada para fornecer as bases da compreensão, particularmente sobre as questões do exibicionismo e do fetichismo. Atualmente, o tom mudou, e Patrick Mauriès pode dizer: "A moda não funciona como uma entidade, mas sim como uma função psicológica".[7] Trata-se

---

[6] Sigmund Freud, "Pour introduire le narcissisme", em *La vie sexuelle*, Coleção Bibliothèque de Psychanalyse (Paris: PUF, 1969), p. 94. [Artigo escrito em 1914.]

[7] Patrick Mauriès, *Tout goude*, Coleção Moda (Paris: La Martinière, 2005).

agora de interrogações sobre a identidade e o domínio da aparência, sobre a pressão da repetição, ou até mesmo da dependência. Perguntas inquietantes são frequentes, enquanto o "sistema da moda"[8] parece acelerar-se em uma lógica implacável e louca, em que os imperativos comerciais parecem manipular com total frieza as nossas frágeis e submissas individualidades. Talvez tenhamos subestimado o fato de que a linguagem da moda é a do imperativo, a qual nos submetemos ou da qual escapamos. Poderia, então, tratar-se de uma tirania, mais do que de um prazer, muito complexa, em que é necessário obedecer aos decretos,[9] estar "*in*" ou "*out*", estar à espreita, receber uma influência exterior ou libertar-se...

"*You just feel it!*" A moda é isto: tem que sentir![10]

Se o imperativo que opera na moda destaca-se e permite levantar hipóteses sobre o trabalho particular do ideal do eu, a moda tem um outro aspecto que cultiva a sua ligação com os mistérios no que se refere ao sensorial e faz apologia de uma espécie de instinto... Um instinto muito complexo que faz com que aquele que pensa possuí-lo não diga: "A moda, eu a vejo", mas "A moda, eu a sinto". Instinto, portanto, que se preocupa talvez mais com a mudança, com a ruptura, do que com o conteúdo. A partir desse "instinto" constitui-se uma

---

[8] Roland Barthes, *Le système de la mode* (Paris: Le Seuil, 1967).
[9] "Leis, decretos, projetos, portarias, como dizem os homens, tudo agora é publicado, no que diz respeito à moda: e nenhuma mensagem nova dessa soberana (que ela é em todo o mundo!) nos surpreenderá em uma ou duas quinzenas." Stéphane Mallarmé, *apud* Michel Draguet, *Mallarmé: écrits sur l'art* (Paris: GF, 1998), p. 244.
[10] E. Bergler, *Fashion and the Unconscious*, cit.

elite que não é caracterizada por um dom mensurável como, por exemplo, o do ouvido absoluto no domínio musical, mas pela capacidade subjetiva de "sentir" a moda. A instabilidade consubstancial desse fenômeno consequentemente torna seu estudo particularmente difícil!

Juntar o imperativo, o sensorial e o ritmo que caracterizam a linguagem da moda nos leva ao terreno da pulsão, energia cujo ímpeto é irreprimível, cuja fonte é interna e representa uma exigência de trabalho imposta ao mecanismo psíquico.

Quais impulsos, ou melhor, quais jogos pulsionais estão engajados na moda? Como, a partir de nossos primeiros olhares, até entrar em ação o impulso escópico[11] no exibicionismo-*voyeurismo*, se dá o percurso que, desde a imitação e a identificação, nos leva pouco a pouco a construir aquilo que nós somos e a nossa aparência? Aparência que às vezes assume aspectos bem estranhos, se considerarmos os casos extremos das anoréxicas da moda, dos metrossexuais, dos adeptos das marcas a qualquer preço ou ainda das *fashion victims* (vítimas da moda)!

Sem dedicar-me a um trabalho sistemático sobre esses diferentes aspectos, tentarei apenas analisar os pontos mais sensíveis, aqueles que marcam de diferentes formas as vacilações das categorias e dos limites nestes tempos em que

---

[11] O conceito de pulsão escópica estabelece comunicação entre visão e libido. Desde 1905, na obra *Trois essais sur la théorie sexuelle* (Paris: Gallimard, 1987), pp. 67-85 e principalmente p. 119, Freud descreve o "prazer escópico", ou ainda, "um prazer de olhar e de exibir-se" que faz parte das pulsões parciais ao utilizar a visão: "O prazer de olhar e de mostrar" faz parte das pulsões parciais, que são "componentes da vida sexual infantil" e nas quais "outras pessoas figuram desde o início como objetos sexuais".

ouvimos tão frequentemente dizer que o superego cultural desmorona. É em relação estreita com esse contexto que desejo aventurar-me como psicanalista, na descoberta das raízes psíquicas do sempre efêmero prazer de estar na moda.

Uma urgência da moda: tocar com o olhar

"A vulnerabilidade me é estranha." Além de seu aspecto filosófico-popular, que pode fazer sorrir ou irritar, a conversa entre Carla Bruni e Karl Lagerfeld, publicada pelo *Figaro Magazine* por ocasião do filme consagrado a esse estilista, poderia fornecer uma pista para a reflexão sobre a questão desse olhar particular que é o da moda – aqui representada por um dos mais talentosos de seus estilistas atuais –, e das suas ligações com a fragilidade que ela nos faz sentir, às vezes, desarmados diante do enigma do olhar do outro. Karl Lagerfeld reivindica o poder de falar de si sem nada revelar de sua intimidade, a liberdade de dizer para a mídia alguma coisa e o seu contrário sem sentir-se preso ao sistema das confissões de uma estrela.

Esse artigo[1] pode ser tomado também como um fragmento do aqui e agora, uma espécie de relato de valor mítico.

Após considerações lapidares sobre a forma de encarar a relação com o outro, Carla Bruni destaca que Lagerfeld foi uma criança muito amada. Ao que ele responde: "Sim, de uma maneira não muito clara: eu tinha irmãs e meias-irmãs, mas os meus pais só amavam a mim, eu era o centro do mundo, isso era genial... As minhas irmãs moravam em um colégio interno, eu fazia tudo que queria". E mais adiante: "No entanto, as pessoas diziam que minha mãe era cruel; mas ela era bem pior: ela era irônica". Respondendo, em seguida, a uma pergunta sobre a beleza de sua mãe e evocando a personalidade dela: "Ela se considerava a mulher mais bonita do mundo... Nunca fazia nada para os outros, eu jamais a ouvi dizer obrigada, mas possuía o charme de conseguir transformar qualquer um em escravo". E ainda:

> Brigávamos para agradá-la. É por isso que falo tão depressa. Ela repetia para mim: "Pelas bobagens que você tem para dizer, fale mais depressa, não temos tempo a perder...". Minha irmã, minha mãe achava que ela era uma criança engraçadinha; um dia, deve tê-la achado tola e não mais se interessou por ela.

Ainda mais adiante, com a ironia própria dessa "estranha mãe", após ter proposto que as mulheres que têm uma ligação "à flor da pele" com um homem deviam recorrer a um dermatologista para salvarem-se, ele afirma: "Detesto também a expressão: 'o amor deixa cego'. Existem óculos para

---

[1] "Conversation Karl Lagerfeld-Carla Bruni", comentários compilados por Richard Gianoro, em *Le Figaro Magazine*, Paris, 5 de outubro de 2007, pp. 141-146.

isso...". Aqui são os oftalmologistas que poderiam ser úteis... E o dandismo desalinhado de Karl Lagerfeld não é justamente realçado por esses óculos escuros, dos quais ele só se separa raramente? Compreenderemos por fim o papel deles: servem para protegê-lo, pode ser que estejam lá para impedi-lo de ser tocado e cegado pelo amor; mas fazendo-o assumir o risco de ser conquistado pela indiferença, a qual, ele afirma, constitui seu principal problema... Proteção talvez sinal ou causa de devastação, pois aquele que era "o centro do mundo" para seus pais, ao final da entrevista, faz suas as palavras de Paul Klee: "Eu sempre amei tudo, experimentei tudo, fui tudo, e agora eu sou uma estrela gelada...".

A vulnerabilidade e os "óculos protetores" da moda

A personagem que Lagerfeld mostra aqui é a de um homem fascinado por uma mãe de um egoísmo invasivo, uma mulher cujo simples olhar devia ser merecido e fazia tremer... Uma mãe cujo olhar não se deterá sobre coisa alguma se não for envolvido de maneira urgente e decisiva, e que leva seu filho a ostentar tesouros de novidade e criatividade, caso queira conservar mais do que um instante de atenção sobre si. Da mesma forma, por meio de seus desfiles e suas criações, Lagerfeld brinca com nossos olhares, que ele trata de captar, e até mesmo de cegar, pela intensidade do que nos mostra. A coleção Chanel de alta-costura do inverno de 2006, na qual ele levou esse efeito até o paroxismo, é o exemplo mais chocante disso: segundo uma redatora de moda, o branco ali estava tão deslumbrante que quem se encontrasse na passarela ao redor da qual desfilavam as modelos devia obrigatoriamente usar óculos escuros para poder suportar o brilho. Assim, podemos, de alguma forma, dizer que, por trás de cada nova coleção do mestre, se esconde um olhar maternal feroz, certamente muito mais temível que o de seus admiradores e de seus críticos, o traço de um diálogo interior com um ideal implacável. Podemos mesmo arriscar imaginar que com tal ideal interno esse pigmalião-irmão coloca em cena outro aspecto de um elemento antigo, um desafio vingador e reparador. Com efeito, aproveitando-as ao sabor do dia, suprimindo-as assim de todos os seus aspectos "tolos" – causa, segundo ele, da rejeição de suas irmãs por seus pais –, as modelos vestidas por ele, colocadas em fila, como no internato, teriam por fim se tornado dignas de serem olhadas por uma mãe que, por um instante, abandonaria sua indiferença implacável para admirá-las durante o tempo de uma rápida volta na passarela?

Permanecer visíveis, uma luta contra a indiferença?

Abrir nossos olhos sobre o novo é um dos fundamentos da moda, exigência que por sua vez tem um objetivo essencial: abrir os olhos de quem nos observa. Teremos os olhos abertos sobre nós mesmos?

Cada um de nós pode viver um dia a experiência desagradável (um leve ferimento narcísico, um questionamento sobre o nosso sentimento de estar no centro do mundo ou, pelo menos, no nosso mundo familiar) de estar em determinado grupo e cruzar com alguém que reconhecemos, mas que não nos vê. Essa ausência de reconhecimento suscita sempre múltiplas interrogações em quem a sofre. Tornamo-nos, por ocasião desse "não reencontro", invisíveis como os elementos tão clássicos e habituais do ambiente que não são mais vistos?[2] Se esse outro que nós vimos está com os olhos fechados, isso significa que fazemos parte do ambiente? Ou então ele não está disponível para nos olhar porque está preocupado? O que tem na cabeça para não nos ver? Disso decorre a ideia muito legítima de pedir à moda que nos forneça sinais eficazes e novos para evitar que sejamos submersos na massa. Porque, deixando de lado as diferenças corporais (tamanho, corpulência, cor da pele, etc.), é a partir das roupas que vestimos que os que nos veem formam as suas primeiras impressões a nosso respeito. Trata-se de uma troca de olhares, troca em que está em jogo a necessidade mais ou menos absoluta e mais ou menos urgente, conforme a história de cada um, de ser notado, identificado, diferenciado e até mesmo admirado ou invejado.

A jovem modelo Lysa Aengel, quando analisa as particularidades de sua profissão, não se aproxima dessa situação, experimentada por alguns com muita acuidade, ao descrever o olhar da moda e a imediação daquilo que ela introduz?

> Bastam apenas alguns segundos e a sua postura, o seu gestual, as suas expressões, a sua aparência já emitiram milhares de sinais visuais, automaticamente decodificados, retranscritos, traduzidos, analisados, interpretados por aquele que se encontra à sua frente. Antes mesmo que você emita qualquer palavra, a pessoa que olha para você já experimenta sensações em relação à sua pessoa.

---

[2] Segundo um mecanismo próximo daquele que funciona na pequena experiência seguinte: trata-se, por exemplo, de contar uma determinada vogal em um pequeno texto. Muitos leitores se enganam, apesar de uma leitura atenta, porque a representação interior da palavra leva a melhor sobre o que ele realmente lê e apenas uma releitura precisa permite ao leitor não se enganar.

Ela já percebe se você é alguém que ela deseja integrar ao seu espaço sensitivo, afetivo, profissional e pessoal...[3]

Assim, o estilista da moda teria como tarefa encontrar uma variação suscetível de não ser banalizada por um olhar indiferente, sobre o modo do "não aconteceu nada", que anularia a novidade da visão. Para lutar mais particularmente contra esse fechamento, provocado pelo hábito registrado pela memória, portanto, pelo conhecido "*déjà-vu*" e pelo "pré-visível", criar o novo faria parte, então, do domínio do imperativo. Os olhos fechados, aqueles que olham sem ver e os olhos indiferentes, é o que a moda procura alterar; ela busca despertar o olhar. E, se insistimos tanto sobre sua futilidade, não seria para nos defendermos de sua importância, segundo o mecanismo de "inversão em seu contrário", que os processos do sonho nos ensinaram a conhecer? Dessa maneira, o que o olhar da moda nos revelaria é ao mesmo tempo a nossa vulnerabilidade de ser visto e a de não ser percebido, essa contradição, na qual existir para o outro tem importância desde o primeiro olhar, faz com que seja urgente tanto chamar a atenção como se proteger.

Primeiros olhares

Bem antes da linguagem, o visual ocupa lugar fundamental na relação com os outros, relação em que se considera a referência espacial básica, o reconhecimento do idêntico e do diferente, enquanto, progressivamente, se construirá uma

---

[3] Lysa Aengel, *My Beautiful Egotrip, la bible du mannequin* (Paris: Scali, 2005), p. 94.

imagem de si e dos outros, cuja apreensão se dará por todos os polos sensoriais e motores. No funcionamento psíquico,

> os olhos não percebem somente as modificações do mundo exterior, importantes para a conservação da vida, mas também as propriedades dos objetos por meio das quais esses são elevados à categoria de objetos de escolhas amorosas, e que são seus atrativos,[4]

e essa dupla disposição tem consequências importantes. Além disso, o visual introduz de imediato a questão daquele que olha, que é também olhado, e daquele que o olha, troca fundamentalmente não recíproca e desequilibrada. Imediatamente portador de enigmas a dupla indissociável "ver-ser visto" e seus efeitos em nossa elaboração psíquica multiplicará as situações nas quais as interrogações arriscam a levar a melhor sobre as certezas, e isso de maneira irredutível, como observa Gerard Bonnet,[5] que constata também que, na pulsão escópica, existem três formas de prazer diferentes: o prazer de se ver, o prazer de olhar e o prazer de se mostrar.

Em nossa vida cotidiana, as trocas de olhares que buscamos carregam os traços daqueles que nós interiorizamos desde que nascemos. Um olhar "novo" sobre si, como a moda propõe, é talvez a busca do desejo de reencontrar aquele olhar que pousou sobre nós desde o nascimento até os primeiros anos da infância, quando éramos, então, a "criação" mais nova na existência de nossos pais e abríamos nossos olhos para o mundo.

---

[4] Sigmund Freud, "Le trouble psychogène de la vision dans la conception psychanalytique", em *Névrose, psychose et perversion*, Coleção Bibliothèque de Psychanalyse (Paris: PUF, 2007), p. 171. [Artigo escrito em 1910.]

[5] Gérard Bonnet, *Voir-être vu, études cliniques sur l'exhibitionnisme* (Paris, PUF, 1981), p. 44.

Com efeito, desde esse primeiro momento, alguns constituintes mais importantes das relações futuras aparecem. Essa precocidade do visual nas relações humanas é ressaltada por Freud no ensaio "O Ego e o Id",[6] no qual ele insiste mais uma vez sobre a anterioridade do visual e sua proximidade com os processos inconscientes, em um registro ao mesmo tempo mais comum e mais inacessível que a linguagem.

Os mecanismos que regem o visual desde o nascimento podem ser estudados em diferentes níveis. Conhecemos bem, por exemplo, o processo de *imprinting* (estampagem ou *impregnação*),[7] posto em evidência pelos etólogos e ilustrado de maneira magnífica pela história da pequena gansa, de Konrad Lorenz (ao sair do ovo, a primeira visão da pequena gansa é Lorenz, e ela o reconhece de imediato como sendo sua "mãe", ligando-se afetivamente a ele de maneira indefectível). E, se ainda possuímos pouquíssimos conhecimentos sobre a complexidade desses mecanismos na espécie humana, sabemos contudo que todos os centros sensoriais no bebê são ativados em momentos diferentes: é o odor, mas também o som e o toque que provavelmente participam do processo em primeiro lugar. A impregnação visual parece existir mesmo não sendo predominante, talvez por causa da imaturidade

---

[6] Sigmund Freud, "Le Moi et le Ça", em *Essais de psychanalyse* (Paris: Payot), p. 233: "O pensamento em imagens está também, de alguma maneira, mais próximo dos processos inconscientes que dos pensamentos em palavras e ele é indubitavelmente mais antigo que o primeiro, tanto de um ponto de vista do ont(o)- [do ser, daquilo que é] como do filogenético".

[7] *Imprinting* ou impregnação: relação de apego que ocasiona na presença do outro uma tranquilidade, um bem-estar e em sua ausência reações de angústia. Cf. Alain Lenoir, *Ontogenèse des comportements* (Tours: Université de Tours, 2004), p. 14.

do aparelho visual por ocasião do nascimento, o que faz com que o recém-nascido veja de maneira muito imprecisa. Mas a visão é também o primeiro centro sensorial dominado pelo bebê que, por exemplo, entre 2 e 4 meses, interrompe a comunicação desviando os olhos quando está fatigado.[8] Será que ele faz isso para acalmar momentaneamente a experiência de ofuscação à qual estaria submetido desde o nascimento? Segundo Donald Meltzer,

> a mãe comumente bela e devotada aparece a seu comumente belo bebê como um objeto complexo, cujo interesse sensorial e infrassensorial o submerge. A beleza exterior que se concentra, como deve ser, sobre seus seios e seu rosto, tornada ainda mais complexa pelos mamilos e pelos olhos, o bombardeia com uma experiência emocional de natureza apaixonada, resultante de sua própria capacidade em ver esses objetos como "belos".[9]

Ao lado dessa habilidade do bebê de perceber pela visão, existe também a força daqueles que o olham: olhares complexos, ao mesmo tempo informativos e afetivos, olhares de amor e de admiração, mas também olhares que investigam o estado da criança. Durante esses primeiros tempos, a criança é avaliada inconscientemente sob numerosos ângulos por seus pais e se torna para eles uma fonte de estados afetivos elementares radicalmente novos. As diferenças, felizes ou infelizes, entre o que era mais ou menos obscuramente esperado e aquilo que se apresenta na realidade criam diversos efeitos de surpresa. A partir dessas primeiras trocas e desses primeiros

---

[8] Patrick Lemoine, *Séduire. Comment l'amour vient aux humains* (Paris: J'ai lu, 2005), p. 39.
[9] Williams Meltzer, *L'appréhension de la beauté* (Bretanha: Larmor-Plage/Le Hublot, 2000), p. 43. [1ª ed. 1988.]

prazeres, em que já se pode "comer com os olhos" ou "manter o olhar sobre", se organizam os objetos e os objetivos da pulsão escópica, pulsão parcial que apoia-se sobre o sistema da visão para permitir o aparecimento de satisfações psíquicas como aquela de ver e/ou como aquela de se exibir.

Primeiras estrelas, a completude narcisista

Os primeiros olhares maternais e paternais já foram preparados para a chegada da criança por meio de fantasias e um conjunto de pensamentos conscientes e inconscientes. Pela maneira como a futura mãe se ocupa das primeiras roupas da criança que vai nascer, ela veste pela primeira vez seu filho imaginário, a criança nascida de seu narcisismo. As primeiras roupas do bebê fazem parte dos olhares maternais antecipados: olhares sobre o filho ideal, sobre o que ela deseja ver a respeito dele, sobre ele, sobre a maneira pela qual ela o representa no plano físico e que vai além desse olhar sobre o ser que ela colocará no mundo. Mas o que acontece quando ele chega "verdadeiramente"?

Com frequência nos divertimos com a capacidade que os pais de um recém-nascido têm de se extasiar diante da beleza de seu filho. O alvo, a estrela, a majestade, aquele ou aquela a quem não se pede nada e que, por sua simples existência e sem ter que fazer nada além de estar presente, se beneficia de olhares admirados e extasiados: eis o que nós somos durante os primeiros tempos de nossa existência! Será que em nossa fascinação pelas estrelas não há algo que poderia ter sua origem na nossa própria lembrança imaginária de termos sido plenamente uma estrela?

O que o bebê provavelmente também sente e "vê" no olhar de seus pais é essa força de atração que ele exerce sobre eles, e que lhe confere sua novidade complexa, portadora de expectativas ligadas a um passado que o precede. Podemos imaginar que o brilho desse olhar admirado dos pais possui uma luminosidade especial que resulta de uma espécie de "proeza admirável temporária" para com a realidade. Uma grande proeza porque, na realidade, a criança que nasce está nua, e depende inteiramente daqueles que a cercam para sobreviver, situação que, objetivamente, parece muito pouco invejável... E talvez seja essa "proeza admirável para com a realidade" que, em seguida, procuramos durante toda a nossa vida: suscitar a admiração simplesmente sendo "novo" e portador de todas as possibilidades para fantasiar, livre de todas as pressões exteriores impostas posteriormente, como a repressão das pulsões de *voyeurismo* e de exibicionismo; livre também da realidade de dependência em relação ao tempo que passa, em uma espécie de imediação bem-aventurada. Freud, quando evoca a vida de Leonardo da Vinci quando bebê, fala do "amor da mãe pela sua criança de peito, que ela amamenta e cuida, [que] é alguma coisa que tem uma profundidade muito maior que sua afeição ulterior pela criança adolescente".[10] Para Freud, esse amor intenso encontra-se na origem da sublimação na pintura de Leonardo da Vinci e, mais particularmente, na Mona Lisa.

De maneira geral, esses primeiros momentos, vividos como estrela, nos quais a completude narcisista parece ser an-

---

[10] Sigmund Freud, *Un souvenir d'enfance de Léonard de Vinci* (Paris: Gallimard, 1987), p. 146. [Estudo escrito em 1910.]

tes de tudo interior, se bem que ela seja engendrada e alimentada pelo que é experimentado como brilho admirativo dos olhares paternais, poderiam ser uma das raízes de um certo tipo de olhar da moda, em que o novo e a admiração estão no centro de um prazer visual muito autocentrado. Esses olhares, que são "anteriores" às renúncias pulsionais, podem mesmo guardar uma força que perdura no psiquismo além dos primeiros tempos de vida, e a autocontemplação como estrela de si mesmo pode, então, permanecer como um objetivo fantasioso, particularmente ativo na atração pelo *fashion*.

O espelho, jogo ou imperativo implacável

A troca visual entre o bebê e os que o rodeiam se organiza e se estrutura durante toda a infância. Por ocasião do estágio do espelho, conceitualizado por Jacques Lacan,[11] no decorrer do primeiro ano, a criança é capaz, a partir do olhar sobre a imagem que ela tem de si mesma, e apoiada em um olhar exterior, de organizar, com satisfação narcisista, uma visão sobre seu eu corporal. Ela se identifica com a imagem de domínio que o espelho lhe devolve e se regozija. Nesse "momento" coincide por algum tempo o narcisismo infantil com o olhar reconhecido do outro e é provável que ele constitua uma figura insuperável, o ideal do eu composto ao mesmo tempo pela onipotência infantil e pelo olhar do outro no qual a criança se busca. Dessa maneira é a formação do eu e sua relação com o

---

[11] Jacques Lacan, "Le stade du miroir comme formateur de la fonction du Je", em *Écrits* (Paris: Le Seuil, 1966), pp. 96-100. [Conceito introduzido em 1937, no 14º Congrès Psychanalytique International, Marienbad, 1937, *International Journal of Psychoanalysis*, 1937.]

ideal que se estabelece nesse momento criador. Lacan insiste sobre o caráter irredutível dessa ligação, assim que ela é constituída entre o eu e o imaginário.

Entretanto, habitada por essa imagem, a criança sente-se também insuficiente, porque percebe que ela não coincide totalmente com o que se esperava dela, com os ideais de seus pais ou de seu meio.

Por um lado, essa falta de correspondência provém da complexidade das fantasias parentais, e do fato de que, nas primeiras trocas, existam elementos de comparação entre realidade e fantasia. A criança real, de fato, nunca é totalmente conforme os sonhos de seus pais, e desníveis sutis de correspondência, às vezes muito profundos, podem saltar aos olhos; em alguns casos, mesmo a realidade chega a assinalar uma decepção, ao tornar manifesta aos pais a não realização de seus desejos inconscientes. É, de alguma maneira, toda a complexidade de sua admiração e de sua ambivalência ao olhar para o filho que vai mais ou menos se traduzir, e essa linguagem, em grande parte inconsciente, é portadora de um enigma para a criança.

Por outro lado, as renúncias e as aquisições necessárias para a autonomia futura não se fazem sem luta com o sentimento de onipotência infantil. Ora essa adaptação à realidade é amplamente transferida para o visual, que é o instrumento privilegiado das relações de reconhecimento do mundo que a rodeia: distância dos objetos situados ao redor da criança, os perigos e a organização do espaço, olhares dos pais que significam os limites e sinalizam o perigo, o que é aceitável e o que não é... O que a criança sente dessa diferença em relação às suas próprias satisfações narcisistas, às quais ela terá que se adaptar, cria uma aspiração, uma expectativa indeterminada. Daí surge, segundo Geneviève Morel,[12] "sua busca apaixonada, durante toda a vida, por tudo que poderia melhorar essa imagem e torná-la desejável". É esse conjunto de diferenças complexas, que misturam registros muito diferentes e em grande parte inconscientes, que tornará necessária e normal a passagem diante do espelho em busca de uma "imagem" que seria, enfim, satisfatória, condensada com afetos e realidades psíquicas instáveis. É talvez nesse ir e vir que o apoio da moda, por meio das minirrealizações que ela permite – um visual de "*garçon manqué*" (uma menina que adota o comportamento de um menino), em seguida de uma jovem estudante que está na moda, ou de uma jovem mulher muito *sexy*, por exemplo –, adquira todo sentido.

Lembranças traumáticas

Um olhar maternal mais sedutor, mais animado, e a maneira como está revestido, ou, ao contrário, um olhar pouco disposto a se deixar cativar, como sugere o exemplo de Karl Lagerfeld, poderá instaurar na criança uma necessidade de criar um efeito surpresa para chamar a atenção sobre si, e suscitar mais tarde fantasias como: "Na multidão, ela me reconhecerá e seu olhar se iluminará". A ideia de provocar um olhar novo, de forçá-lo, quer dizer, de criar a surpresa, de iluminar o outro graças a si e como recompensa sentir-se extraordinário pode tornar-se uma meta. Entretanto, quando o

---

[12] Geneviève Morel, "Le corps à la mode ou les images du corps dans la psychanalyse", Colóquio do Aleph, 11 de março de 2006.

decorrer da vida não proporciona satisfações suficientes, essa busca pode assumir aspectos nostálgicos ou, às vezes, mesmo uma expressão traumática, sobretudo quando a interiorização de certos olhares concentra precocemente acontecimentos dramáticos.

Marie B. trabalha com moda desde sempre e acredita que sua atração pelas roupas, pelo visual, pela aparência, mas também o seu interesse pela história da moda, estão associados a uma lembrança da mais tenra infância. Ela fala disso com dignidade e ao mesmo tempo sem ênfase: a emoção que a invade quando evoca suas lembranças é ainda muito perceptível e sentimos que o desespero que experimentou por ocasião dessa troca de olhares permaneceu intacto.

Ela tinha mais ou menos 3 anos e meio, talvez 4, quando seu pai a sentou excepcionalmente no assento da frente de seu belo carro para lhe oferecer vários vestidos novos que ela pode, ainda hoje, descrever com muitos detalhes. Seu olhar maravilhado, como o de toda menina, está fixado sobre os vestidos quando a cabeça de uma jovem mulher sorridente emerge da parte de trás do carro, enquanto seu pai lhe explica que foi essa nova amiga que comprou os vestidos para ela: "Naquele momento, diz ela, eu pensei que havia traído minha mãe". E esse sentimento de culpa não a abandonará mais. A encenação paterna, provavelmente destinada a associar o seu encontro com sua futura madrasta com o prazer de receber vestidos novos, funcionou para Marie B. como uma armadilha, em que seu olhar deslumbrado imediatamente se viu substituído pela impressão de ter cometido uma falta irreparável. E, mesmo se ao lembrar-se ela tem o sentimento de não ter mostrado nenhum sinal de perturbação, paga muito caro por essa fascinação irresistível que sente pelos novos vestidos bonitos.

Tudo se passa como se essa lembrança condensasse um estado afetivo terrível naquela menininha, que talvez tenha elaborado naquele momento que sua mãe estava verdadeiramente morta. Uma menina pequena cujo desejo – naquele cenário em que seu pai parecia querer se certificar de sua cumplicidade – se achou brutalmente dividido entre o pensamento naquela que nunca mais poderia vê-la e os presentes de uma outra mulher, uma substituta viva e sorridente, que a olha com avidez, enquanto lhe oferece os vestidos.

Não é certamente por acaso que Marie B. atualmente trabalha com moda. Agora, é ela quem dispõe nas belas vitrines os vestidos que escolhe. A transação que ela propõe a suas clientes não se limita somente a conselhos de estilo e despesas, e podemos imaginar que, nessas transposições cotidianas, quando ela vê outras mulheres se debatendo ao olhar para si mesmas, pode melhor do que ninguém ajudá-las a fazer escolhas sem armadilhas. Talvez seja também a seriedade da moda que permite uma linguagem elaborada com nossos estados afetivos mais profundos, e às vezes também mais íntimos, interpretados por meio de pequenos contatos com o espírito da época... Pelo efeito de sublimação de nossas experiências antigas, pela sua insistência acerca do que é mais atual no presente, a moda nos lembra que o tempo passou, e torna possíveis retornos momentâneos no tempo, graças aos quais as renúncias que fomos obrigados a aceitar e que se manifestaram pelas variações dos olhares pousados sobre nós podem se tornar mais suportáveis.

Imitar, rivalizar, a ameaça do clone?

Para todos aqueles que se interessam pelos mecanismos da moda, a imitação é um fenômeno central, e, para alguns como a etnóloga Marie-Christine Natta,[1] ela chega a ser "a condição primeira". Já em *O sonhador nu*, John Carl Flügel observa: "É um traço fundamental do homem imitar aqueles que ele admira e inveja".[2] Mas a essas constatações sobre o lugar central da imitação vem imediatamente somar-se a questão da rivalidade. Dessa maneira, a moda solicita de imediato um olhar de avaliação em relação aos outros; podemos ao mesmo tempo desejar ser semelhantes a um modelo e nos destacar ao imitar um ícone, mas para mostrar nossa superioridade sobre nossos pares.

---

[1] Marie-Christine Natta, *La mode*, Coleção Poche-ethno-sociologie (Paris: Anthropos, 1996).
[2] John Carl Flügel, *Le rêveur nu* (Paris: Aubier-Montaigne, 1982), p. 130. [1ª ed. 1930.]

Mas esse vínculo particular entre imitação e rivalidade pode, às vezes, assumir um aspecto nitidamente de conflito, como pude constatar nos propósitos de uma pessoa que conheço, que por muito tempo permaneceram enigmáticos para mim.

Imitação e rivalidade

Um dia, quando eu atravessava a rua, uma jovem mulher alta, com aparência de modelo – cujo interesse por marcas, aliás, eu conhecia – me interpela e diz, visivelmente irritada, apontando com o olhar outra jovem mulher muito alta e bastante moderna: "Olhe para aquela ali, parece um clone, ela me imita!". Se ela tivesse pedido minha opinião, eu lhe teria dito que a semelhança entre elas se devia mais à grande estatura, à cor e ao corte de cabelos, e não à semelhança na maneira de se vestirem. Mas o seu tom cheio de cólera e desprezo não deixava lugar para qualquer discussão. O que parecia inquietá-la de tal maneira era a "ameaça do clone". Um clone, certamente originário dela mesma, mas que a remetia diretamente a uma recolocação de sua identidade na realidade de sua própria existência; a imitação da qual se sentia objeto naquela ocasião, longe de lhe agradar, a deixara fora de si. Essa ameaça de que, na realidade, nada mais permitia distingui-las – o que equivale a aniquilar uma das próprias metas da moda – havia tomado corpo, e, além da aparente questão da imitação, era muito mais uma rivalidade implacável que se anunciava.

O âmbito da imitação pode às vezes ser bem diferente. Em uma sessão, uma jovem paciente me fala com inveja e admiração do macacão de couro amarelo que Uma Thurman usa para dirigir uma moto no filme *Kill Bill*, de Quentin Tarantino: "É o que eu gostaria de usar, sonho com isso! Uma Thurman está magnífica, e, além disso, que mulher forte e *sexy* ela é ao mesmo tempo!". Graças a suas associações em torno do filme, da roupa amarela e da atriz, cuja história ela acompanha pelas revistas, progressivamente se revela que a roupa se torna emblemática de uma mulher "fálica". Uma mulher que, como um homem, se entregaria com seus parceiros a uma luta sem misericórdia, uma mulher violenta que participa de cenários sadomasoquistas, em que ocuparia sucessivamente todas as posições. No decorrer dessa sessão, em que a jovem mulher pode, diante de sua analista – que ao mesmo tempo representa uma figura de identificação e é "utilizável como objeto-parceiro imaginário" –, elaborar diferentes cenários, abre-se um espaço psíquico de representações: o macacão amarelo possibilita a comunicação com todas as fantasias e identificações do momento. Seu papel protetor não se deve somente ao couro sólido que o constitui, mas, sobretudo, ao fato de que ele protege a jovem mulher da intensidade de suas fantasias. Esse espaço de encenação ou representação lhe permite ter uma percepção, por breves momentos, da violência que ela experimenta obscuramente e de revelar também seu desejo de ser protegida da violência. O que poderia parecer um simples desejo de imitação de uma atriz célebre é, portanto, um fenômeno complexo, cuja aparição na cena analítica abre possibilidades de elaboração psíquica.

Elaboração progressiva da identidade da moda

No próprio princípio da moda, a mudança regular e frequente orienta-se no sentido de ajudar na elaboração do psiquismo ao favorecer pequenas doses de tentativas de como ser e o que fazer durante pequenas frações de tempo, que permitem a elaboração progressiva da identidade. O lado efêmero daquilo que está na moda dá a essa atividade uma grande aproximação com o jogo: vamos brincar de se vestir de princesa ou de motoqueira, mas, talvez, por um momento apenas. Muitas mulheres são sensíveis a esse aspecto profundamente lúdico da moda que, para continuar a sê-lo, deve ser reversível como um jogo satisfatório, que podemos deter quando desejarmos, para recomeçá-lo de outra forma...[3] A capacidade de aceitar o efêmero serve à elaboração psíquica, ela orienta em direção ao fluido e ao instável; nisso, a moda é uma atividade particularmente vinculada ao tempo e às variações da existência.

A imitação é uma atividade psíquica fundamental e, no que diz respeito à origem de seus aspectos visuais, ela provavelmente encontra sua fonte no prazer autoerótico de se olhar e de ser olhado: buscaríamos criar sobre nós mesmos, para nos apropriarmos disso, aquilo que a princípio havia provocado nossas próprias satisfações visuais, quando admirávamos apaixonadamente esses adultos bem vestidos, "magníficos" e importantes, que se ocupavam de nós quando éramos crianças, primeiros modelos "estrelas" da criança estrela. Os atributos do poder dos adultos eram transmitidos imediatamente por sua aparência e, portanto, por suas roupas. As per-

---

[3] Ao contrário, a tatuagem e as modificações cirúrgicas – que gravam definitivamente sobre a pele e no corpo o desejo de um momento –, com seus aspectos de domínio que instauram uma irreversibilidade para além das mudanças psíquicas com as quais cada um é confrontado, vêm inscrever a fixação e a suspensão.

sonagens de prestígio e a classe superior daquelas e daqueles que têm tudo, e que admiramos, poderiam, portanto, muito bem estar relacionadas às nossas fantasias de glória, com esses primeiros reis e rainhas que foram os pais e os adultos com os quais queríamos nos parecer e com os quais desejávamos rivalizar. Nos contos e nas narrativas maravilhosas, os disfarces infantis são variações em torno de personagens que com frequência são vestidos de maneira suntuosa, sobretudo nas histórias que tratam de relações complicadas entre os adultos e as crianças, formas de sonhos diurnos, com elementos míticos portadores de nossas fantasias ocultas.

Com relação a isso, a seriedade com a qual as crianças e suas mães consideram a atividade de se disfarçar são tão convincentes acerca da importância do entretenimento que pode levar algumas personalidades excepcionais a desejar reencontrar esse prazer mesmo na idade adulta. A cantora Véronique Gens declara a esse respeito: "Eu sinto igualmente necessidade das perucas, dos trajes, da possibilidade que a ópera oferece de introduzir-se na pele de uma personagem, prazer quase infantil do disfarce. Na ópera podemos ser outra pessoa, como se libertados de nós mesmos, não há mais limites".[4] Uma outra grande cantora de ópera, Sandrine Piau, afirma: "Eu tenho a impressão de ter escolhido a minha vida, de ter alcançado finalmente o que eu tinha vontade de fazer. No meu sonho, não existia somente a música, havia também o desejo de vestir roupas de princesa...".[5]

---

[4] Véronique Gens, "5 questions", disponível em http://www.forumopera.com/ jun/2003.

[5] Olivier Bellamy, "L'extrême selon Sandrine Piau", em *Air France Magazine*, nº 112, Paris, agosto de 2006.

Outro dia, ao entrar em uma *pâtisserie*, percebo na fila de espera uma menina com cerca de 7 a 8 anos, que usa um vestido cor-de-rosa comprido e um chapéu pontudo. Não fico espantada porque nos encontramos perto de uma saída de escola e estamos na terça-feira gorda. Mas o ar sério e quase triste da criança me intriga, de maneira que me aproximo dela e a cumprimento por seu magnífico vestido. Seu olhar se alegra por um instante. Ela me olha, como que para verificar se estou sendo sincera, depois me diz com expressão muito firme que, ao contrário do que eu poderia crer, o vestido que usa não é de fada, mas de princesa. Eu fico embaraçada diante do tom veemente dessa explicação. Para dizer a verdade, estava longe de ter tal preocupação em mente e não tinha imaginado nada em particular sobre o vestido. "Imaginei" errado, obviamente! Diante da minha atitude interessada, a menina se põe, então, a me explicar apaixonadamente que bem entendido "o chapéu é de fada", assim como a cor de seu vestido (inegavelmente para o chapéu, mas eu seria menos categórica sobre a cor do vestido), mas que o corpete do vestido e a forma do cinto podem muito bem "ser de uma princesa". Eu sentia-me tão perturbada diante da menina que me empenhei em tranquilizá-la sobre a cor do vestido e o cinto (evitando falar do chapéu...), o que teve o efeito de apaziguá-la um pouco (ela provavelmente acabara de passar um dia difícil, em meio a companheiras muito minuciosas e bem pouco tolerantes em relação ao seu vestido!). Foi então que, com um pequeno sorriso, ela ergueu seu longo vestido e mostrou-me seus sapatos: tratava-se de sapatos facilmente reconhecíveis como os da Fada Sininho no filme *Peter Pan*, de Walt Disney; ali, eu tinha referências! E ela me disse que, sim, ela estava com sapatos de fada, mas que seu vestido de princesa era muito comprido e impedia que fossem vistos! Nós nos despedimos como boas amigas e o seu sorriso reencontrado me fez pensar que nossa breve conversa não havia sido inútil.

O que essa história confirma é que o fato de pensar que estamos vestidas como princesa não significa que somos vistas assim: é preciso também haver um número suficiente de sinais característicos ligados ao *status*. Os acessórios são, sob essa perspectiva, indispensáveis, eles são característicos da classe superior, quer se trate da classe dos nobres de antigamente ou das estrelas atuais.

A moda e o romance familiar

Dessa maneira, a moda prolonga nossos jogos infantis, com seus trajes, jogos de panóplias, mas também funciona para muitas meninas pequenas durante as brincadeiras de vestir-se com as roupas da mãe. Algumas blogueiras lembram-se disso com ternura:

> **O prazer no jogo.**
> No início, o prazer estava no jogo: um grande baú repleto de roupas velhas, usadas para criar seu próprio disfarce com as companheiras, na quarta-feira à tarde. Julie se vestia de cigana, Valérie de princesa e eu de enfermeira.
> – Atitude de compras. E depois, pouco a pouco, tornei-me mais exigente! Depois de usar os velhos vestidos da mamãe, passei ao prazer de ir ao *shopping*. Finalmente eu comprava aquilo com que sonhava: vestidos adornados com lantejoulas para brilhar na noite, *jeans* bordados com flores para usar na primavera... minha única obsessão era a de não ficar fora da moda. A mesada que rece-

bia de meus pais me permitia fazer as compras. Eu era bela, eu tinha estilo, eu seguia a moda![6]

Algumas "velhas roupas maternas", as panóplias de transição que elas permitem (enfermeira, cigana, princesa...), e as lembranças das histórias da infância, estão na base da busca por novas maneiras de vestir-se quando as meninas crescem. Às vezes, outras histórias também são motivo para devaneios particulares (nas quais, por exemplo, os pais não eram os verdadeiros pais e haviam recolhido a criança abandonada por pais nobres) e podem participar disso porque prestígio, posição social, um acontecimento singular é o que encontramos com frequência ao longo das crônicas que constroem as vidas relatadas por nossas estrelas atuais, abundantemente narradas em revistas.

Esse "romance familiar",[7] cujos principais aspectos foram estudados por Freud, é uma fantasia que tem relação com as decepções experimentadas pelas crianças em suas expectativas afetivas em relação aos pais que elas admiram e pelos quais desejam ser amadas com exclusividade. A essa decepção acrescenta-se também a de reconhecer que os pais não têm tanto prestígio como se imaginava. Uma vez que foi impossível se representar como onipotente no coração de seus pais onipotentes, imaginar ser uma criança abandonada e recolhida pelos pais atuais permite à criança criar uma família ideal,

---

[6] Extraído do *blog* de Sophie, 22 anos, disponível em http://www.ctoutmoi.com/savoir/fashion_victim.htm.
[7] Sigmund Freud, "Le roman familial du névrosé", em *Névrose, psychose et perversion*, Coleção Bibliothèque de Psychanalyse (Paris: PUF, 1973). [Artigo escrito em 1909.]

na qual a criança seria o rebento maravilhoso, com destino único, e cuja nobre ascendência seria eventualmente reconhecida algum dia. As fantasias diurnas que constituem esse romance evoluem durante a infância, mas podem permanecer como um recurso diante das decepções da vida real, e às vezes até mesmo levar a variações bastante divertidas: "Meus pais acham que alguém trocou os bebês na maternidade, a despeito da aparência familiar flagrante, pois jamais, realmente nunca, eles poderiam imaginar ter uma filha assim: um misto de Mulher Maravilha e Mercredi Adams...".[8]

O exemplo de Coco Chanel é revelador a esse respeito. Ela tinha tendência para a fabulação e talvez uma de suas principais "mentiras" relativa a seu pai originou-se de uma variante do romance familiar, suscitada pelos acontecimentos que ocorreram em sua infância...

Esgotada, aos 32 anos, devido a uma vida dura de trabalhos domésticos e como costureira para criar cinco filhos, a mãe de Coco Chanel morre de tuberculose. Negociante itinerante de artigos de malha e roupa branca, seu pai a abandona com seus quatro irmãos e irmãs. Ela tem apenas 12 anos e é colocada em um pensionato, do qual só sairá com 18 anos, sem ter tido notícias do pai, que não irá rever nunca mais. Ela dirá, e tentará mesmo que escrevam em uma biografia totalmente imaginária, que seu pai tinha feito fortuna na América. Essa não seria, talvez, uma maneira de ser, ao mesmo tempo, a filha de um homem extraordinário (quando na verdade ele era apenas um vendedor de artigos de malha) e de suportar,

---

[8] Extraído do *blog* de Personna Grata, disponível em http://www.myspace.com/personagrata, dezembro de 2006.

por meio da riqueza imaginária, o intolerável abandono paterno?

Na história de vida de Coco Chanel, pode-se dizer que esse "romance familiar" é, certamente, uma fantasia sobre as origens, mas que contém também elementos constitutivos da identidade que aparecerão na realidade da sua vida. Essa elaboração imaginária relativa à fortuna a partir dos trabalhos de costura da mãe e da loja de miudezas do pai (da qual ela sublimará os botões-joias, cordões e presilhas) com certeza contribuiu para a transformação da infelicidade e da decepção em renome e glória.

Na moda, também esse aspecto de jogo romântico com a identidade existe, pois o que nos é proposto durante uma temporada de moda, particularmente nos últimos anos, é, com frequência, ostentar uma "placa" de identidade das roupas do estilista. Podemos nos perguntar se essa nova identidade assim anunciada não é uma maneira de ostentar um sinal de poder (ao se tornar um seguidor prestigioso de Dior ou de Boss, por exemplo, para um amante da moda) e, por parte do estilista, de tornar-se ele mesmo o nobre admirável que estimula os "romances familiares da moda". John Galliano, em seu prefácio para o livro de Camilla Morton, *Como andar sobre saltos agulha*,[9] fala desse registro ao escrever a respeito de Mme. Morton: "Ela vive na vanguarda da moda, na linha de fogo... A moda é sua energia vital. É uma seguidora de Galliano". Quanto aos desfiles de moda atuais, com seus ritos e suas magnificências, eles são outra ilustração disso, e

---

[9] John Galliano, *apud* Camilla Morton, *Comment marcher sur des talons aiguilles* (Paris: City, 2006).

têm como meta, talvez, representar a corte desses novos reis e rainhas: usar seus trajes e ostentar sua marca seria, então, como reatualizar nossas fantasias ligadas ao desejo de prestígio. Marie-Pierre Lannelongue não observa a propósito disso que algumas festas dadas por ocasião da inauguração das lojas "excitam e tornam febris as pessoas da moda, que prefeririam estar malvestidas a não comparecer a essas festas insanas, organizadas pelas casas de moda com a mesma minúcia que um baile em Versalhes na época de Luís XIV"?[10]

Partilhas fantasiosas

A ideia do autoengendramento não está distante, nem do estilista nem de quem segue a moda, pois é ele quem decide usar ou não o que a moda determina durante um período, usar uma nova e temporária "placa" de identidade. Mas nem o estilista nem aquele que usa suas criações está totalmente imerso nessa fantasmática, que faria desaparecer a diferença entre as gerações. O estilista reconhece, sempre que ocupa uma casa de moda onde um estilista precedente reinava antes dele, de quem é herdeiro e sabe que nela deve gravar seu estilo pessoal. E mesmo para aqueles que criam a sua própria casa de moda a questão da herança se impõe: quando o estilista utiliza sua própria identidade para nomear a sua "casa", com efeito, podemos pensar que ele deseja, dessa maneira, dourar novamente o brasão do pai real, tratado com aspereza no ro-

---

[10] M.-P. Lannelongue, *La mode racontée à ceux qui la portent*, Coleção Littérature (Paris: Hachette, 2004), p. 142.

mance familiar, fazendo-o entrar na corte gloriosa dos grandes nomes da moda.

Esse entrelaçamento de romances familiares em harmonia com o autoengendramento corresponderia a uma partilha fantasiosa implícita entre estilistas e *fashion-addicts* (viciados em moda). É também sobre essa partilha que se baseia o desejo de usar tais trajes de dado estilista e não de outro, porque nem todos os "romances familiares da moda" são equivalentes: a "filha de Lacroix" não evoca as mesmas fantasias que a "filha de Gucci", sobretudo quando ela era a "filha de Tom Ford". Para uma a suavidade solar de uma rainha ou de uma madona, para a outra a sedução lasciva da mulher "desinibida" e indiferente.

Assim, essa nova identidade temporária reúne todo um cenário imaginário que permite a elaboração de identificações e da rivalidade nas "histórias" que podem estar a serviço da elaboração de nossa realidade psíquica.

E essas histórias com os estilistas, as marcas e as estrelas, são contadas alternadamente pela imprensa e pelas emissões consagradas à moda. Assim, Patrícia vê com frequência entrar em sua loja mulheres com uma revista debaixo do braço, com uma foto especial de determinada estrela vestida de certa maneira, e usando esta ou aquela bolsa. O que suas clientes querem, ela diz, é possuir aquela bolsa ou aquele vestido. O quanto aquele objeto lhes agrada pode, de vez em quando, parecer uma questão bastante acidental, e podemos eventualmente nos perguntar se o que elas querem não é, sobretudo, o objeto de desejo do outro, nessa circunstância, o da estrela que o usa, muito mais do que o vestido ou a bolsa em questão...

O *status* das estrelas é intermediário: como as rainhas de nossa infância, elas se mantêm distantes do ideal graças a seus itinerários de exceção, sua vida no luxo e suas inumeráveis possibilidades... Como sublinha Edgar Morin: "Elas vivem muito longe, muito acima do mundo dos mortais".[11] Possuir o acessório usado pela estrela significa, portanto, que fazemos parte de seu clã, de sua família, que de certa maneira participamos de seu sucesso: na idade adulta, nós sabemos bem que nossos pais não são os heróis que eram na nossa infância, mas conservar um traço daquela época naquilo que as imagens das estrelas nos oferecem para admirar é agradável. Com a ressalva de que um pouco de realidade é necessário para manter essa fantasia quando chegamos à idade adulta.

Por isso, as numerosas histórias infelizes das estrelas provavelmente contribuem para tornar nossas fantasias ideais paradoxalmente mais aceitáveis diante da realidade exterior e da realidade psíquica. Elas permitem acrescentar uma dose de ambivalência à nossa admiração, à medida que esses reis e rainhas de nossa tenra infância se tornaram pais mais reais. E o papel dos mexericos sobre as estrelas – comentários em que se deleita com sua falta de gosto, os erros que cometem ao se vestir, seus aborrecimentos, seus vícios – é torná-las mais acessíveis. Tanto assim que, se a estrela pode desabar de seu *status* de *prima absoluta*, seu percurso excepcional permite sonhar com um retorno ao seu esplendor, sonho de completude narcisista. Tudo isso cria também uma forma de proximidade que permite nos identificarmos com elas, porque uma estrela perfeitamente feliz é difícil de ser imitada, e a felicidade é di-

---

[11] Edgar Morin, *Les stars,* Coleção Points-Essais (Paris: Le Seuil, 1972), p. 20.

fícil de ser usada como acessório! Essa inacessibilidade e essa imperfeição nos resguardam, dessa maneira, de uma rivalidade muito direta e, às vezes, difícil de suportar.

Da rivalidade à clonagem

É desde o período escolar que somos sensíveis à diferença social, e ela é detectada mais facilmente pelas roupas.

Acompanhada de algumas amigas, a jovem Sophie F. solicita um encontro com o seu diretor, pois deseja que o uniforme seja obrigatório em seu colégio. Ela está furiosa: acha que é muito injusto que algumas garotas da sua idade tenham que sofrer, quando frequentam as aulas, por causa das roupas das outras, pois elas não têm dinheiro suficiente para se vestir de acordo com a moda. A iniciativa pode parecer muito surpreendente, pois parte de uma garota que vive em um meio bastante abastado, sendo que, se ela quisesse, poderia fazer parte das bonitas adolescentes *trendy* de seu colégio. E, quando lhe perguntamos quais são suas motivações, compreendemos rapidamente, por suas respostas, que foi o seu ideal de igualdade de oportunidades e sua empatia em relação às meninas de seu colégio que a conduziram àquele desabafo notável... Ela própria declara-se pouco interessada na moda: "A moda é muito fútil em comparação com todos os problemas do planeta", diz a garota. Ela se veste de uma maneira muito sóbria, como seus pais.

Afirmar a futilidade de um fenômeno que a incita a intervir diretamente com o diretor pode parecer paradoxal. Questionadas sobre essa história, algumas garotas da mesma idade concordam plenamente com a posição de Sophie e admiram sua coragem, mas, ao mesmo tempo, insistem sobre as consequências dessas diferenças de aparência nas relações que estabelecem com os garotos. Do que elas dizem, podemos depreender que uma garota geralmente deseja ter o vestido da moda "que vai fazer com que certo garoto tenha olhos somente para ela, e se todos os garotos só tiverem olhos para ela, é ela quem vai poder escolher". Isso nos faz perceber uma rivalidade que pode ser qualificada como clássica, com a diferença social na aparência e a rivalidade sexual que está implícita. E o que começa aí, em seguida não cessará de crescer. Assim, podemos concordar com Flügel, quando afirma que a rivalidade permanece como o princípio último da moda, e levantar como hipótese que a atitude de Sophie serve de base para a ideia mais ou menos consciente de que algumas garotas estão privadas das vantagens necessárias para uma "competição sadia". Sophie vai, portanto, pedir ao diretor, ao homem adulto responsável, para controlar a rivalidade feminina que há em seu colégio, na verdade tentará evitá-la graças ao uso de uniformes que, durante o período escolar, permitirá neutralizar a diferença social e de qualidades físicas. O que é, de certa maneira, um pedido para se estabelecer um *dress code* (código de vestuário) aceitável para enfrentar essa rivalidade, resultante do modelo da concorrência fraternal. Nesse momento de articulação entre o final do período de latência[12] e as mudanças

---

[12] O período de latência se inicia, segundo Freud, com o declínio do complexo de Édipo (em torno de 5 a 6 anos). Ele marca um tempo estacionário no desenvolvimento da sexualidade infantil, uma parada que vai durar até o início da puberdade. Uma certa dessexualização das relações de objeto, uma preponderância da ternura, o aparecimento de sentimentos morais e estéticos, um desenvolvimento de sublimações são aspectos classicamente associados a esse período.

da puberdade, tal atitude de apelo a um terceiro tem como efeito criar um espaço intermediário em que o visual direto e seus aspectos excitantes são atenuados.

Personna Grata, que se definiu em seu *blog* como "*fashion addict*, uma vítima que está de acordo com as tendências mais extremas de vanguarda", afirma: "Eu sou um paradoxo só para mim mesma: solitária porque incompreendida pela maior parte dos habitantes deste planeta". Em seguida, ela explica: "Infelizmente, o ciúme em relação a ela a impede de ter amigas e que ela teme suscitar inveja...". Negação do que ela deseja, mas não consegue enfrentar? A imitação e a rivalidade nem sempre se organizam em um registro no qual o outro faz parte de uma história que pode ser elaborada, e, às vezes, é este si mesmo "completamente sozinho" diante do resto do mundo "rival" que parece dominar. Então, o clima da rivalidade muda. Isso é precisamente o que se passa em *Hell*, romance moderno de Lolita Pille.[13] Não há nenhuma tentativa para evitar a rivalidade, aqui ela domina e é assumida.

Já nas primeiras linhas dessa fábula sobre os danos da riqueza e da moda, a jovem heroína descreve com bastante entusiasmo os enormes gastos que faz para estar na moda, comparando-os com aqueles de que dispõem as pessoas pobres. Uma parte não insignificante do seu prazer consiste nessa comparação: "Eu passo mais tempo... a olhar com prazer para as vitrines da rua do Faubourg-Saint-Honoré que vocês a trabalhar para prover suas necessidades".[14] O poder financeiro que permite não fazer nada além de se preocupar em

---

[13] Lolita Pille, *Hell* (Paris: Grasset-Fasquelle, 2002).
[14] *Ibid.*, p. 7.

ter as roupas mais luxuosas do momento é enaltecido. Hell aparece, aliás, no registro do triunfo narcisista: bela, rica, jovem e fascinante, e imaginando, para sua satisfação, que suscita inveja. No entanto, aqueles a quem ela se dirige no início do livro, seus leitores imaginários, "os pobres cheios de inveja em relação a ela", são, em seguida, totalmente excluídos do romance, os únicos eventuais parceiros nesse "jogo" de rivalidade são os que estão na mesma situação que ela.

Ao contrário do exemplo de Sophie, em *Hell* tudo se passa como se o espaço de confronto não fosse o pátio da escola, mas o grupo reduzido de amigas e amigos, que fazem parte do clã daqueles que são como a heroína... E é no interior desse pequeno grupo de seres que se parecem uns com os outros – *alter egos* perfeitos, quase clones – que se situa o desenrolar do romance, sendo o único elemento distintivo de Hell seu caráter imprevisível. Nem amigos nem parentes têm uma verdadeira existência: o(a)s "amigo(a)s" são parceiro(a)s de pândegas, vestido(a)s segundo a última moda, e que mostram, da melhor maneira possível, o estilo daquilo que se faz no momento; e os pais, quando se manifestam (o que ocorre muito raramente), são desqualificados pelas suas censuras, que não têm qualquer relação com a gravidade da situação, deixando sua prole em total abandono psíquico. Não há figura ideal presente ou passada, nem romance familiar. O prazer imediato, qualquer que seja a sua forma, de poder social ou de potência sexual, só está presente para mascarar uma solidão destruidora. Heróis empanturrados de roupas de luxo de marcas de prestígio, mas solitários. O príncipe encantado é como uma cópia completa de Hell, ele mesmo exagerado em tudo: é o mais belo, o mais rico, o mais *sexy* e o mais inteligente. Nós desmoronamos submersos por tantas perfeições e possibilidades, quer sejam financeiras, quer sejam de sedução aparente, mas definidas unicamente na sua relação de superioridade sobre os outros no registro da inveja, o que faz da "superioridade" o único elemento identitário. Essa avalanche, aliás, mostra rapidamente o seu reverso, e este é o "sem-limites" que anda ao deus-dará. O encontro desses heróis glamourosos começa com um período de fusão amorosa total, em que flutua a fantasia de ter encontrado a "alma gêmea" perfeita. Depois, a história desses dois ícones é de "fusão e separação da fusão", predominando o vazio, em contraste com a opulência aparente. Sempre "estrelas deles mesmos", com um "visual-auto-*sexy*" intransponível que os isola, muito rapidamente eles chegam a não ter mais desejo um pelo outro, apesar da superoferta de acessórios de luxo, que podem suscitar a inveja recíproca. A ameaça dos clones torna-se real: réplicas sem alma própria nas quais só os trajes contam, os heróis encontram-se diante de uma rivalidade que não serve mais de base para o desejo de seduzir, mas para uma necessidade imperiosa de definir os contornos deles mesmos: "Eu sou importante se outro alguém me inveja e deseja ser eu". Esse processo revela, então, a fraqueza da identidade e ficar na moda torna-se a última proteção para evitar a extinção do desejo.

Estrelas, estilistas e revistas constituem assim, provavelmente, uma espécie de recurso para impedir tal empobrecimento. A ausência de um ideal diferente de si mesmo com efeito aumenta a pressão para ser para si mesmo o próprio ideal. "Seja você mesma uma estrela", como algumas propagandas propõem atualmente, não é, portanto, tão desejável quanto parece, na medida em que o propósito contém, implicitamente, a extinção de sinais de referências exteriores. Quando eles têm o valor de lembranças maleáveis de situações passadas, como as personagens de contos para adultos que nós nos tornamos, as estrelas e os estilistas são indispensáveis; uma certa forma de acesso à *terceiridade*,[*] que nos permite nos divertir com a moda e as variações de seus fatos históricos. Em compensação, se a "marca" torna-se a única referência, ela faz desaparecer rapidamente a dimensão organizadora que a história garante, e sua circunstância não é suficiente para defender essa dimensão de epopeia. Quando os duelos de confronto dominam, ou até levam a melhor, a variação torna-se mais quantitativa, e é medida em quantidade de dinheiro, ela mais impõe do que é escolhida e a margem de interpretações pessoais fica, assim, reduzida a zero. A personagem, então, é eclipsada pelo acessório que lhe dá significado e é arriscado que esse acessório faça dela um clone de todas aquelas que usam tal acessório... Escapar dessa ameaça torna-se, então, uma corrida com infinitos obstáculos.

---

[*] Refere-se ao processo ou à mediação; é a interpretação e generalização dos fenômenos, permite a reflexão sobre o conteúdo, a inteligibilidade.

Modelos fascinantes ou inquietantes

Desfilando nas passarelas com marcha forçada, como se consentissem em serem vistas um pouco contra a vontade, com passos bizarros e sacudidos e ar ausente, tudo poderia nos fazer supor que estão um pouco irritadas ou, então, que alguém havia dado corda em algum mecanismo, como na boneca do conto de Hoffmann... Bem distantes do que foram as manequins vedetes dos anos 1980, verdadeiras estrelas do *glamour*, que se divertiam no seu distanciamento com um olhar risonho, as modelos da atualidade são seres surpreendentes e que parecem ser definidas apenas por suas medidas específicas, excessivamente diferentes das medidas comuns às mulheres. Elas têm muito para nos ensinar sobre nós mesmas diante da moda, essas mulheres estranhas às quais podemos ter vontade de imitar, nem que seja por uma temporada de moda... Será que elas revelam os desejos atuais de purificação em direção à artificialidade total?

"Um corpo magro e ágil como uma borboleta"

Ana Carolina Macan, uma jovem brasileira muito bonita, iniciou sua carreira de modelo com 18 anos, 51 kg e 1,73 m de altura (uma agência havia achado que ela era obesa). Ela encerrou sua carreira com 21 anos e 40 kg: foi detida pela morte. A história de Ana Carolina teve o efeito de um eletrochoque sobre a opinião pública, em parte graças a um jornalista do *Paris Match*, David Le Bailly,[1] que escreveu um artigo que retrata a descida ao inferno dessa moça, sua passagem pelas passarelas e suas sucessivas entradas em quartos de hospital até a morte.

A situação não é tão "noticiosa" como poderia parecer: não se trata de acrescentar mais um artigo à longa lista das "pobres" celebridades que se afogam no álcool ou nas drogas depois que chegam ao auge, trata-se do projeto pragmático de uma criança determinada a se tornar modelo, ganhar dinheiro e sustentar a família, e que, de imediato, fica presa a uma engrenagem na qual magreza, trabalho e dinheiro estão ligados. Em estudo publicado no *The Independant*, citado por Françoise Chinot[2], em seu artigo no *Le Monde* sobre o trajeto em direção à extrema magreza, uma modelo declara: "Nosso único poder é o de fazer regime". A origem social de

---

[1] David Le Bailly, "Ana Carolina, le rêve brisé", em *Paris Match*, Paris, 21 de novembro de 2006.
[2] Françoise Chinot, "À la veille des défilés de *prêt-à-porter*, la course à l'extrême maigreur", em *Le Monde*, Paris, 21 de fevereiro de 2007.

Ana Carolina também conta, e não somente para suscitar a compaixão por causa de um relato romântico e trágico sobre a moça pobre, jovem e bonita que vende o seu corpo ao "diabo-*fashion*". O que está subjacente é que ela não conseguiu encontrar, no seu meio de origem, a ajuda que lhe teria permitido distanciar-se um pouco em relação ao mundo da moda e suas competições econômicas, competições certamente mais bem decodificadas e atenuadas nos meios sociais elevados, caso de Claudia Schiffer ou Carla Bruni.

Essa história emblemática sobre os efeitos desastrosos da anorexia suscitou muitas reações dos profissionais da saúde, como Philippe Jeammet, professor de psiquiatria, por exemplo, que, em entrevista ao *Figaro*,[3] insiste sobre as consequências preocupantes da supervalorização da magreza, na verdade do emagrecimento, nas revistas e nas passarelas, como o fator relevante do meio, que poderia ser a causa desencadeadora da anorexia. Ana e todas aquelas adolescentes ou pós-adolescentes que se alimentariam de maçãs, tomates e de numerosas pílulas para permanecer magras, com toda razão, poderiam ser qualificadas como anoréxicas reacionais. Sua anorexia provavelmente responde à exigência de magreza extrema e seria reflexo de uma carência identitária, cuja expressão seria um aumento da sensibilidade em relação às tendências mais difundidas pelos veículos de comunicação, como ressalta a dra. Sylvie Rouer-Saporta: "Quanto mais a magreza é valorizada, mais ela atrai".[4] Os estereótipos domi-

---

[3] Philippe Jeammet, "La mode valorise l'anorexie", comentários compilados por M. Perez, em *Le Figaro*, Paris, 24 de janeiro de 2007.
[4] Sophie Besse, "Trois questions à...", entrevista concedida por Sylvie Rouer-Saporta, em 25 de setembro de 2007, disponível em http://tempsreel.nouvelobs.com/actualites/3_questions_a/

nantes que apreciam a magreza e a aparência determinariam as formas conscientes ou não que suas identificações assumem. É difícil saber se essas jovens mulheres teriam se tornado anoréxicas sem a imposição atual da tendência... Porque se a anorexia mental é uma doença psíquica muito mais antiga que essa moda, até recentemente ela não era a segunda causa da mortalidade de adolescentes. E a magreza, ao tornar-se a referência identitária da juventude, sobretudo feminina, em uma época em que os paradoxos se multiplicam (porque a questão da obesidade das crianças também é uma preocupação da saúde pública), impera um jogo contra a natureza que, sob sua aparência "*cool*" se torna bastante terrível.

O visual auto-sexy

Inspirado em fatos reais, *O diabo veste Prada*, de Lauren Weisberger,[5] é muito instrutivo em relação a isso. O livro mostra que a tirania da magreza não é unicamente uma obrigação imposta por uma "autoridade exterior", mas também um motivo condutor "autoengendrado" pelo grupo quanto à "aparência". As considerações de peso, de estatura e de alimentação são retomados quase a cada página, e isso desde o início do livro.

Após ter perdido vários quilos por causa de um desarranjo intestinal antes de se encontrar com a terrível Miranda Priestly, diretora da revista *Runway*, de quem ela deseja tornar-se colaboradora, a jovem heroína não se preocupa muito nem

---

[5] Lauren Weisberger, *Le diable s'habille en Prada*, trad. francesa Christine Barbaste (Paris: Fleuve Noir, 2004). [1ª ed. 2003.]

com o conteúdo dessa entrevista profissional crucial, nem com seu estado de fadiga, proveniente da doença recente, e declara: "53 kg e 1,77 m de altura, o físico que se adequava perfeitamente para solicitar um emprego em uma revista de moda".[6] No entanto, não é para ser admitida como *top model* que ela se apresenta, mas para trabalhar como assistente editorial! Tudo se passa, então, como se a "atmosfera" da magreza se tornasse extensiva e como se somente o peso "borboleta" fosse admissível... E isso é apenas o começo. Ao iniciar no novo emprego, nossa heroína descreve as mulheres com as quais cruza no escritório onde trabalha: "Uma moça soberba com a pele cor de ébano... Simplesmente magérrima... Apesar de sua seminudez, ela conseguia ser incrivelmente moderna e *sexy* ao mesmo tempo...".[7] Em quase todas as páginas aparecem jovens mulheres magras, altas e *sexy* graças aos trajes suntuosos, o "*sexy*" está sempre associado ao "desnudado" e ao "magro". Esta parece ser a melhor maneira encontrada pela autora para nos descrever como é o ambiente da moda: "Todas estas jovens mulheres, com idade média de 25 anos, mediam mais de 1,80 m e pesavam menos de 55 kg".[8] A evocação do grupo de jovens mulheres em questão é antes de tudo perfeita, mas o principal, focado nas medidas, é que: o peso borboleta é a metáfora concreta de um animal cujas asas são os trajes e as mulheres que os usam, as filiformes, "lagartas" centrais bastante equilibradas...

---

[6] *Ibid.*, p. 27.
[7] *Ibid.*, p. 37.
[8] *Ibid.*, p. 69.

Todas as descrições insistem sobre o clima de excitação visual que envolve essas pessoas jovens. E, se a presença dos homens é notada, isso se dá por um *flash*: todos são magníficos e homossexuais. Poderíamos esperar, então, classicamente (e ingenuamente?), que uma reunião como esta, de jovens tão magníficos e *sexy*, provoque emoções e desejos sexuais intensos. Mas nada disso ocorre: desejo sexual e emoções amorosas parecem ser muito secundários e desconectados do *sexy*. E é precisamente essa ausência que pode nos dar uma pista sobre o *status* particular do "*sexy*" que movimenta atualmente o centro da moda.

Sem parceiro preciso, real ou fantasioso, sem intervenção aparente da diferença de sexos, sem que envolva outras emoções que não o experimentar dentro do registro do visual puro, esse *sexy*, que designa o que pode suscitar um desejo global e vago, é, propriamente falando, um "visual-auto-s*exy*". E essa primazia absoluta do visual sobre o toque e a palavra coloca um certo número de questões acerca do tipo de libido aqui mobilizado. Se a sexualidade aparece como secundária,[9] outros registros pulsionais em torno da oralidade e da visão assumem lugar de destaque em *O diabo veste Prada*, e a autora não deixa de ser engraçada quando evoca a provocação, que consiste em se permitir comer uma sopa que *não* apresenta baixo teor de gorduras... Se eu sublinho isso é porque o deslocamento do cursor sobre a escala do "o que se faz ou não se faz" não leva em consideração, de maneira alguma, as necessi-

---

[9] Mas nada disso é verdade: sabemos que depois que Freud criou a teoria da sexualidade infantil, o sexual, sob diferentes modalidades, é parte integrante de todas as etapas da vida humana.

dades fisiológicas reais, e se encontra unicamente a serviço de um princípio de prazer visual: não engordar nem um grama. Em relação a isso, tal deslocamento poderia assemelhar-se a uma perversão.

Podemos dizer que o culto da mulher muito magra, muito alta, muito jovem, e que sabe controlar seu peso, está no centro do que é considerado "*glamour*" na atualidade. E, se as revistas de moda não propõem intervenções cirúrgicas para conseguir ganhar alguns centímetros de altura, como aquelas que eram impostas às jovens chinesas abastadas,[10] os temas sobre o peso e a juventude são o centro da maioria das revistas femininas, a ponto de pensarmos, às vezes, que atualmente elas são elaboradas com base unicamente nesses dois temas principais, sobretudo na primavera!

O código de barra identitário da anorexia de moda

O "Neither too thin, neither too rich",[11] lema da duquesa de Windsor retomado por Paris Hilton, parece um imperativo não negociável para os *fashionistas*.˙ Considerando-o mais de perto, constatamos que esse lema acrescenta à negação de uma realidade fisiológica evidente um desprezo alardeado por aquelas e aqueles que infelizmente se deixariam prender por esses propósitos estúpidos. Mas esse lema tem também o mé-

---

[10] *Cirurgia estética sob demanda, um pacto contra a natureza*: "Estas intervenções, hoje proibidas, consistiam em cortar as tíbias e a colocar hastes metálicas e parafusos para obter progressivamente (e com sofrimentos terríveis) um aumento de 10 cm na altura." Disponível em http://www.agoravox.fr/.

[11] "Jamais trop mince, jamais trop riche." ["Jamais demasiado magra, jamais demasiado rica." (N. T.)]

˙ Termo usado aqui no sentido pejorativo. (N. T.)

rito de ressaltar o movimento que implicitamente promove: uma avidez muito grande e uma luta por um ideal que despreza a realidade (um ideal que, quando aceito, empobrece a identidade daquele que a ele se submete em vez de o enriquecer com novas perspectivas), como se tornar-se progressivamente mais magro não o expusesse à morte, e ficar cada vez mais gordo dependesse unicamente da vontade, sem vinculação com a realidade exterior. A avidez contida no "jamais demasiado" transforma-se em ascetismo e, sem qualquer limite, torna-se emblemático do ideal inacessível: os 40 kg da pobre Ana Carolina, que certamente a conduziram para a morte, pois, no fim das contas, dentro dessa perspectiva, podemos perder mais um "quilinho" antes de parar, posto que nunca estamos suficientemente magros... Mais uma vez nos perguntamos o que acontece com a meta tradicional da sedução erótica do outro, segundo a moda relativa ao vestuário? Um rapaz, a quem pedi que olhasse as páginas de uma revista de moda muito cotada, observou que as modelos não tinham estritamente nada que pudesse agradá-lo, o que o deixava bastante perplexo.

No momento em que escrevo estas linhas, entretanto, uma certa tomada de consciência parece ocorrer na tentativa de bloquear esse processo, caso do artigo do *Le Monde* intitulado "A ditadura da garota filiforme",[12] ou de denunciar "A magreza das modelos, exemplo nocivo".[13] Os internautas descarregam sua ira em relação à magreza de Lindsay Lohan em feed-lindsay.com (alimentem-lindsay.com), que pesa, segundo os jornais,

---

[12] Véronique Lorelle, "Un antidote à la dictature de la jeune fille filiforme", em *Le Monde*, Paris, 28 de novembro de 2006.
[13] Cécile Chambraud, "La maigreur des mannequins, modèle malsain", em *Le Monde*, Paris, 20 de setembro de 2006.

"10 milhões de dólares e 48 kg por 1,68 m de altura".[14] O peso, as medidas, o dinheiro, um novo "código de barra identitário"? Até mesmo alguns publicitários e os próprios estilistas de moda reagiram recentemente com ambiguidade contra o fotógrafo italiano Oliviero Toscani, por exemplo, que exibiu a foto de uma jovem atriz anoréxica nua... Atualmente censurada na Itália, a imagem foi julgada "chocante para todos, e em particular para os doentes", pelo Instituto de Autodisplina Publicitária italiana, e formalmente desaconselhada aos propagandistas franceses pelo Departamento de Verificação de Material Publicitário.[15] Exibir da mesma forma (na mesma modalidade) aquilo que se aprova e aquilo que se reprova é a melhor resposta? Não há uma certa megalomania quando se imagina que a mensagem que queremos transmitir é totalmente controlável, e uma certa negação da força do visual, em jogo na imagem na fotografia? Expor nua dessa maneira uma jovem de uma magreza extrema constitui uma aposta muito arriscada, pois pode incluir a negação da atração masoquista mortífera, exercida por essas representações. Essa atração, no entanto, faz parte das potencialidades dessa patologia, em que o fetichismo do corpo inteiro é celebrado.

A anorexia mental não é nova, a magreza das modelos também não. Twiggy, a célebre manequim dos anos 1960, de uma magreza extrema (seu nome, "Brindille",* foi utilizado

---

[14] Élisabeth Quin, "Lindsay Lohan, moderne égérie", em *Le Figaro Madame*, Paris, 2006.

[15] "La publicité de Toscani sur l'anorexie censurée em Italie?", disponível em http://lci.tf1.fr/people/2007-10/pub-toscani-sur-anorexie-censuree-italie-4869296.html.

* Uma tradução possível para Brindille seria graveto, expressão usada para designar alguém muito magro. (N. T.)

para nomear um lampadário com desenho espartano...), é provavelmente o ícone mais representativo do início desse movimento em direção à magreza. Uma das razões evocadas para justificar esses critérios de peso e altura é que os trajes são mais bem vestidos por jovens muito altas e magras, eles têm melhor caimento sobre elas. Nelas, a veste instala-se, por si só, de maneira estética. E é preciso dizer que esse julgamento visual é impossível de ser evitado: ele passa pelo olhar daquele que, de certa maneira, impõe sua visão sobre a mulher e o vestuário. A razão estética é suficiente para que todos os estilistas, os fotógrafos e, geralmente, o meio *fashion* apreciem a tal ponto mulheres altas e ultramagras? É preciso, como Colin Mac Dowell,[16] escritor e jornalista de moda, perceber nisso um vínculo com a homossexualidade de muitos estilistas, cujo ideal de silhueta feminina seria "the adolescent boy's shape with the addition of breasts" (a silhueta de um rapaz adolescente com o acréscimo de seios)? Embora essa teoria seja partilhada por certo número de especialistas, é possível, no entanto, que um mecanismo mais complexo esteja em jogo aqui.

A androginia na moda por transferência híbrida?

Quando alguns estilistas chegam ao ponto de declarar diante das modelos: "E agora, eu visto isso",[17] podemos imaginar que uma mulher sem opulência feminina muito

---

[16] Colin Mac Dowell, *Dressed to Kill: Sex, Power and Clothes* (Londres: Hutchinson, 1992), p. 175.
[17] *Les falbalas de Jean-Paul Gaultier*, documentário escrito e dirigido por Tonie Marshall, França, 2004.

aparente se presta bem a tal operação fantasiosa. O "estilista-
-costureiro" indica com isso que são algumas características
do seu próprio narcisismo corporal idealizado que ele transfere para a criação de um híbrido feminino – o "estilista-mo-
delo" – com o qual poderá trabalhar durante um tempo, até
se confundir com o júbilo do "eu". Graças ao suporte andrógino que a modelo oferece, o estilista poderia viver de modo
consciente, durante um breve instante, um dos aspectos de
seu desejo narcisista: "O que eu crio, é em mim que visto, é no
fundo para eu mesmo vestir que o concebi".

Seja como for, e qualquer que seja a arte, os mecanismos
da criação artística não são unívocos, e podemos levantar a
hipótese de que a modalidade de funcionamento da criação
vinculada a esse tipo de transferência é bem diferente daquela
que mobiliza o registro do objeto maternal protótipo, objeto
inaugural que inspira a obra. Quando, por exemplo, um estilista como Yves Saint-Laurent deixa escapar, enquanto cria um
vestido para um desfile, quase como em um sonho desperto:
"Eu me lembro de uma echarpe que minha mãe usava, ela era
de organdi assim como esta", aqui nós nos encontramos diante de um reencontro e de um deslocamento por evocação. O
smoking de Yves Saint-Laurent tornava possível um jogo do
"masculino-feminino", e, com uma piscadela de olhos femininos, permitia-o cultivar, durante o período de uma noite, a
ambiguidade de sua masculinidade. Mas, nos dias atuais, parece que é no próprio corpo que a androginia deve se inscrever, porque essa "transferência híbrida" não se satisfaz mais
apenas com uma aparência que dura "o tempo de uma temporada": ao lado de um estilo de identificação que apela para
uma imagem feminina padrão, que volta à memória como

um traço latente diante de cada modelo, estaria, sobretudo, uma identificação mais direta, na verdade uma projeção. É agora o próprio estilista, como sendo também o outro, que se autoriza ressurgir em cada *top model*. Trata-se de uma mulher cujo corpo permaneceu como era quando estava na adolescência, o que torna mais fácil esse tipo de fusão-permutação...

Por essa razão, a pressão interna para manter-se filiforme não é retirada como um corpete, e a "substituição insidiosa" do dito corpete pela musculatura, como observa France Borel,[18] não deixa de ter consequência. Atualmente, um jogo reversível e momentâneo com a androginia deixa lugar, com efeito, a uma forma de androginia decorrente da supressão obrigatória das características distintivas por neutralização do feminino. O que pode nos fazer pensar que as homossexualidades (latentes ou não) miscigenadas entre o estilista e as modelos se expressariam na atração mútua pela androginia, fixada como referência, testemunha de uma bissexualidade psíquica[19] que, nesse caso, em vez de ampliar a vida mental e pulsional – o que supõe não a abolição ou a exacerbação da diferença entre os sexos, mas sua relativização –,[20] iria no sentido da neutralização.

O que pensar desse movimento? A mulher da "moda" deve poder entrar em tamanhos de roupas muito pequenos, que se aproximam dos usados na pré-adolescência. Nem todas as jo-

---

[18] France Borel, *Le vêtement incarné* (Paris: Calmann-Lèvy, 1992), p. 211.
[19] A bissexualidade: presença conjunta de disposições psicossexuais opostas, algumas conscientes e outras inconscientes, em cada um de nós. Graças à internalização dessas diferenças, uma brincadeira pode invocar de repente o vir a ser da sexualidade.
[20] Christian David, *La bisexualité psysique* (Paris: Payot, 1992), p. 36.

vens e mulheres são anoréxicas, mas um grande número delas controla constantemente sua silhueta. Nós estamos em uma época em que manter o tamanho 36, ou tê-lo como meta a ser atingida, é um objetivo em si mesmo. Será unicamente porque, ao examinar as seções das lojas, é melhor fazer parte das mulheres que conseguem entrar nos tamanhos pequenos? Manter sua silhueta de moça quando se é uma mulher, eis um desafio que não é tão banal como pode parecer. Por outro lado, a esta pergunta feita por uma jornalista: "Donatella é uma mulher Versace?". Donatella Versace não responde sem ficar surpresa:

> Obrigatoriamente, com meus mil e um medos; medo de não ser suficiente: suficientemente bela, magra, notável, sensível, inteligente... Eu não conheço nenhuma mulher que não tenha esses receios: mesmo a modelo mais extraordinária encontra defeitos em si. Cada uma de nós busca atingir a perfeição.[21]

Irmã de um estilista superdotado, Donatella Versace também é estilista e uma mulher de negócios fora do comum. Nessa escala de valores por ela citada, podemos ver em que se concentra sua prioridade: logo depois da beleza vem a magreza! Mesmo se a inteligência e a sensibilidade não estão ausentes... A honra está salva!

Por meio da magreza, procuramos permanecer na juventude anterior à puberdade, período em que, fisiologicamente os caracteres sexuais se manifestam e, geralmente, os corpos femininos se arredondam. Tratar-se-ia de cultivar uma apa-

---

[21] Paola Genone, "Prima Donatella", em *L'Express*, 19 de fevereiro de 2007, disponível em http://www.lexpress.fr/styles/mode-beaute/mode/prima-donatella_478253.html.

rência "de antes". E é evidente que o controle do peso, quando vai até a anorexia, é uma maneira "eficaz" de lutar contra a puberdade: nada de formas ditas femininas, nada de menstruação, nenhum sinal de uma feminilidade que poderia extravasar, também nenhum indício de maternidade. Assim, a *top model* seria a representação de uma menina que se tornou mulher, mas que transmite a ilusão de não ter atravessado a puberdade. Sua grande estatura dá a impressão de que se trata de uma adulta, mas de uma adulta que teria conseguido a proeza admirável de ter se tornado adulta sem adquirir a menor forma feminina. Uma híbrida "grande-pequena" "mulher-homem", "objeto cabide-mulher viva". Os estilistas seriam assim os pigmaliões[*] modernos desses seres estranhos, borboletas que por vezes queimam as asas diante da amplitude dos esforços que devem fazer...

Uma segunda pele corporal e indumentária

A compreensão do "visual-auto-s*exy*" pode ser enriquecida pela abrangência da compreensão da magreza que a acompanha e daquilo que se interroga sobre seu dado de anorexia: esse "*sexy*", que não é a busca de um parceiro genital, manifestaria, além disso, um certo distanciamento da questão sexual e uma evasiva dos elementos mais diretamente sexuais da puberdade, privilegiando os aspectos pré-genitais... Essa é uma ambiguidade que a moda cultiva, e que nos é dado ver

---

[*] Pigmaleão, rei de Chipre, era um escultor que se apaixonou pela estátua que esculpira ao tentar reproduzir a mulher ideal. A deusa Afrodite apiedando-se dele, e atendendo ao seu pedido, transformou a estátua em uma mulher de carne e osso chamada Galateia, com quem Pigmaleão se casou. (N. T.)

como o culto do "muito-alto-e-*sexy*", isso poderia bem ser o reflexo da dificuldade de crescer e tornar-se um adulto sexual. Os estágios anteriores constitutivos da psique humana, que podem permanecer preponderantes ao conservar a energia das pulsões parciais, representam o sinal de uma recusa, de uma negação da passagem crucial para a idade adulta (com aquilo que pertence à sexualidade adulta e seus vínculos com a ternura e o amor), e essa sedução vaga tende a privilegiar a dobra narcísica em um retorno aos primeiros tempos, em que não havia nada a fazer, exceto ser admirado. Esse "auto", que evoca o narcisismo e o masoquismo, é provavelmente um "auto" de evasiva e de proteção, mais um escudo do que um convite para o encontro amoroso, como uma "segunda pele corporal e indumentária", que permite manter um distanciamento do objeto, de seu olhar e de seu convite. Herdeira da segunda pele muscular – conceito desenvolvido por Didier Anzieu depois de Esther Bick –, essa segunda pele permitiria uma pseudoindependência em relação ao objeto.[22]

Da mesma forma, nossa atração pelos mais estranhos modelos, às vezes, origina-se de nossas tentativas inconscientes de hibridação diante da realidade do corpo, e, essa atração pela artificialidade, seria a expressão disso, mesmo que às avessas. De uma maneira mais otimista, e, se considerarmos a moda no que ela tem de melhor, podemos pensar que, diante da dificuldade humana de crescer e tornar-se adulto, a moda, com seus jogos de idas e vindas e suas evocações, permite que representemos a nós mesmos nesses períodos de passagens entre o antes (nossa infância, nossa história) e o momento

---

[22] Didier Anzieu, *Le moi-peau* (Paris: Dunod, 1995), p. 220. [1ª ed. 1985.]

atual de nossa vida psíquica. A moda estaria a serviço desse trabalho de integração, mais ou menos bem-sucedido, da passagem para o novo, e teria a finalidade de conduzir, progressivamente, para um estilo. Esse estilo manifestaria a afirmação de uma personalidade e daquilo que ela pretende mostrar dos traços e das diferentes etapas transpostas, construção apaixonante de uma identidade de moda.

A caminho de novos *dress codes*?*

Fazer parte do pequeno grupo dos eleitos da moda, viver à imagem da estrela (seja ela de cinema, seja da música, seja do *jet-set*...), sentir-se desejável e seguro de seu "valor" graças ao que vestimos... Por que não? A moda é feita também para isso, ela serve para indicar que fazemos parte do pequeno grupo de poderosos, que esse domínio assume as cores mais suaves da sedução para provocar o desejo ou as cores da agressividade, associada ao poder do dinheiro, da beleza e da "juventude". Desse modo, desejar fazer parte do grupo daqueles que admiramos pode se mostrar como uma preocupação narcisista compreensível. Mas será que é assim tão simples? Quando a moda se torna a referência essencial acima de qualquer outra coisa, quais podem ser as consequências disso?

---

* Códigos relativos aos trajes. (N. T.)

O local de trabalho exige traje adequado

O professor Jean-Philippe A. está estupefato: no corredor do serviço hospitalar onde trabalha, vê aproximar-se um de seus residentes vestido com *shorts* e usando sandálias de dedo sob o jaleco de médico. É a hora da visita, e ele não consegue acreditar que esse jovem médico possa entrar no quarto dos pacientes vestido dessa maneira. Tudo se passa como se a roupa do jovem residente arriscasse arruinar a solenidade necessária que deve se impor em um momento como esse. O professor A. não ignora (porque a moda e sua evolução não lhe são indiferentes) que as sandálias de dedo e os *shorts* para os homens estão na moda este ano, mas lhe parece totalmente inadequado usar roupas desse tipo em tal situação. E, quando ele pede ao jovem médico que se apresente vestido de um modo mais clássico para a visita, entra em conflito com um sentimento de incompreensão total. Essa incompreensão constrange o professor A.: ele não se recorda de ter negligenciado a tal ponto os códigos relativos ao vestuário; quando tinha a mesma idade, usava terno para ir aos serviços hospitalares e jamais teria ousado apresentar-se com roupa tão descontraída no trabalho...

Esse jovem médico não parece estar consciente de que infringe os códigos, ele simplesmente trata a situação como se ela não exigisse uma atenção especial. Para ele a conversa sobre sua indumentária parece ser tão banal que é a distinção pessoal sobre "estar na moda" que triunfa. O "entregar-se" desse residente "à moda" e sua atitude aparentemente desorientada (se bem que ele usa um jaleco) quando é lembrado do caráter especial do local onde se encontra indicam uma espécie de anulação da relação tradicional códigos-vestuário. O fato de usar sandálias de dedo e o jaleco confunde as pistas, pois, para ele, é unicamente o uso do uniforme que deve imprimir o código vinculado à função, e podemos imaginar que, no caso desse jovem médico, houve uma tentativa mais ou menos consciente de colocar-se "bem acima de tudo isso".

A senhora Frédérique L. trabalha em um estabelecimento bancário renomado. Encarregada do recrutamento de jovens profissionais, ela recebe, ao final de um processo seletivo, um dos candidatos mais qualificados. Quando ela vê chegar ao seu escritório um jovem vestido com camiseta, fica bastante embaraçada, porque esse não é o estilo de sua empresa, nem da maior parte das pessoas que desejam trabalhar nela. No entanto, não se pode dizer que a roupa do candidato seja descuidada: ele parece ter saído diretamente de um filme rodado em um *set* de filmagem americano, completamente de acordo com as novas tecnologias... No entanto, depois de tê-lo selecionado por suas qualidades profissionais, a recrutadora o informa que o cargo por ele pretendido provavelmente vai levá-lo a ter que mudar seu estilo de roupa, e revela ao jovem sua surpresa ao vê-lo chegar para aquela entrevista crucial vestindo-se daquela forma. Quando recorda desse episódio hoje em dia, Frédérique ainda tem dificuldade em explicar a reação do rapaz: ao vestir-se daquela maneira, ele havia tentado se valorizar; não havia considerado nem por um minuto que seria necessário prestar mais atenção nessas particularidades na situação em que se encontrava; de fato, ele havia vestido "o que tinha de melhor", e, ao ressaltar seu visual inadequado para a situação, ela o havia sinceramente ferido. Sensível, Frédérique lamenta ainda seus propósitos incisivos (mas portadores de uma recomendação proveitosa para a carreira do rapaz, se ele estivesse determinado a permanecer no setor) ao mesmo tempo em que se interroga sobre essa curiosa evolução dos costumes.

Nesse mesmo espírito, podemos citar a história do jovem juiz de instrução que, transferido para Paris, se apresentou usando *jeans* e camisa preta, e que foi notificado para regressar e se apresentar ao Primeiro Presidente da Corte de Apelação *depois de colocar uma gravata*. Apesar dos protestos do jovem magistrado, a ordem precisa e formal foi justificada pela hierarquia, ao invocar o artigo 43 do estatuto da magistratura: "Toda a infração cometida por um magistrado aos deveres de seu estado, à honra, à gentileza ou à dignidade constitui uma falta disciplinar".[1]

Simples exemplos modernos do eterno conflito de gerações? Os quarentões empossados protestariam porque não suportam que os mais jovens não se submetam às regras que eles mesmos se impõem há muitos anos? Dentro dessa perspectiva, cada um "jogaria seu jogo" nesse conflito de gerações. Ora, o que há de espantoso nessas histórias é que esses jovens não desempenham suficientemente o que se espera deles na função que exercem, e a maneira como reagem é marcada pela insistência sobre a normalidade de sua atitude. Não se trata de uma provocação pós-adolescente, mas, sobretudo, de uma mudança de perspectiva aparentemente não conflituosa. Que o jovem residente tenha podido pensar que usar o jaleco "seria suficiente" e que tenha ficado aparentemente surpreso com a reação provocada, é exatamente o que deixa o seu "su-

---

[1] "Gravata de juiz", em *Le Canard enchaîné*, Paris, 26 de setembro de 2007.

perior" estupefato. Situação inédita de dupla surpresa, e não a clássica revolta entre gerações diante de um protocolo que é julgado como antiquado e rígido. Imaginamos que, se a moda assim o exigisse, o residente se apresentaria de bom grado no hospital usando rigorosamente terno e gravata, situação sugerida por um artigo do *New York Times*.[2] Usar "aquilo que se tem de melhor, de mais atual, que está moda" substitui usar "o que é mais adequado à situação formal na qual a pessoa se encontra": o *dress code* inverte a representação associada à função para o que a moda "impõe" naquele momento.

Há a mesma orientação no relato da jovem americana de 22 anos que conta em seu diário como – desejando ficar parecida com Julia Roberts, em *Erin Brockovitch*, para tornar-se uma advogada extraordinária – começou por adotar suas roupas (no filme, Erin B. aposta bastante em suas roupas provocantes para levar a bom termo sua investigação), e, em seguida, operou os seios para acentuar a semelhança. Ela tinha, então, 19 anos, estava na faculdade, e não hesitou em recorrer à cirurgia estética para que seu "sonho" de advogada (de filme) se tornasse realidade.[3]

"Porque eu mereço!"

De fato, esses jovens que, de certa forma, sabem adaptar-se aos códigos sociais (durante toda sua vida de estudantes certamente eles tiveram que respeitar um certo número de có-

---

[2] David Colman, "Dress Codes: after Years of Being out, the Necktie Is in", em *New York Times*, 11 de outubro de 2007.
[3] Robert Davis, "Teens' Cosmetic Dreams Don't Always Come True", 28 de julho de 2004, disponível em http://www.usatoday.com.

digos!) são nos dias atuais igualmente submetidos a outra influência muito importante em particular: a da moda ditada por pessoas que eles veem nos filmes, nas revistas, nas publicidades, o que passa a valer para a vida cotidiana. O que se coloca em evidência é uma boa imagem de si, "o que se faz" e que é desejável: é tal camiseta que fulano está vestindo com suas roupas mais bonitas, são as sandálias de dedo de outro que está na moda, é ao adotar as roupas de dada estrela que uma jovem mulher se vê como futura advogada, etc. A atenção dada ao cenário específico e a importância do julgamento de um ser real que, hierarquicamente ou socialmente, está em uma posição diferente não faz sentido. *O dress code* clássico desaparece.

Podemos dizer, então, que, implicitamente, uma boa imagem de si mesmo e a sedução corporal se sobrepõem a todo o resto. O conforto narcisista e a valorização corporal tornam-se instrumentos "relacionais" privilegiados... Tudo se passa como se os *slogans* publicitários psicologizantes, do tipo: "Porque você merece", fossem tomados literalmente, ao pé da letra... A relação inter-humana resvala para um polo narcisista de sedução de si mesmo. Porque se a sedução domina, nesse caso não parece haver a preocupação em atrair o outro para si e permanece, com frequência, o domínio de si sobre si, tendo como referência mais ou menos direta a estrela, em um registro mimético ideal. Para representar aquilo que certa posição pressupõe, podemos imaginar o diálogo interior de uma pessoa que se comporta assim da seguinte maneira: "Eu seduzo a mim mesma, eu devo me sentir linda (e bela) como uma estrela, essa é a condição essencial para o meu bem-estar, e seduzir será somente uma consequência e será evidente". Uma espécie de curto-circuito intrapsíquico se produz. Esse curto-circuito tem dois efeitos principais.

Em primeiro lugar, o polo de sedução pela imagem de si torna-se prioritário. Esse polo não constitui apenas o primeiro aspecto do encontro (o estabelecimento de uma relação que poderia ser seguida por outros vínculos, e não ser unicamente visual), mas torna-se o eixo principal. A imagem de si confunde-se com a estima de si (conceito psicológico frequentemente admitido, mas no fundo muito difícil de definir), e o "se eu sou sedutor, sou alguém de valor" torna-se uma crença, o que empobrece a vida psíquica e pode mesmo introduzir um elemento profundamente persecutório. A manutenção a todo custo de uma aparência de juventude, e a preocupação em acompanhar a moda, está, então, no horizonte desse espetáculo de si para si mesmo, e aquele que se dedica a ter um desprendimento e uma liberdade em relação aos *dress codes* obedece a uma lógica muito mais tirânica... Se "nós merecemos", será que "merecemos menos" quando não seguimos mais a moda e não somos suficientemente tão jovens?

No entanto, se existe algo que não é nem dominável nem estável na vida humana, é justamente a imagem corporal de si. Eu penso aqui na história sinistra de Dorian Gray,[4] um jovem moderno que, sob a influência perniciosa de Lord Henry Wotton, fascinado por sua beleza, expressa o desejo de permanecer jovem: seu desejo é atendido, mas ele pode constatar dia após dia os traços de seu envelhecimento em um quadro que

---

[4] Oscar Wilde, *Le portrait de Dorian Gray* (1891), Coleção Le Livre de Poche (Paris: LGF 1972).

representa seu retrato. Sua fascinação narcisista pela perfeição de sua própria beleza e juventude – com a condição de que elas permaneçam imutáveis, congeladas – o levará a cometer dois assassinatos, antes de se suicidar diante da pintura que se tornou impossível de suportar... Desejar controlar a imagem e a juventude se associa aqui ao domínio de um imperativo, reflexo de um ideal mortífero, que absorve progressivamente todo o resto.

Em relação a essas derivações hipernarcisistas, os *dress codes* sociais, oriundos de uma cultura globalmente partilhada pelo conjunto de indivíduos de uma sociedade, pertencem ao registro do superego,[5] e, como ele, esses códigos têm talvez um efeito protetor: ao interpor uma referência externa, oriunda das regras da vida em sociedade, eles protegem o indivíduo do confronto entre o si e a imagem ideal, sempre portadora da perfeição "inatingível", forjada por ocasião do período do estágio do espelho, e permitem um certo recuo, uma certa distância benéfica, que, por exemplo, pode levar ao seguinte diálogo íntimo consigo mesmo: "Eu gostaria de me vestir como uma estrela de cinema quando vou fazer minhas compras no bairro, mas sei muito bem que vou me passar por excêntrica aos olhos de meus filhos, portanto devo renunciar a isso".

Esse "curto-circuito" interior – que pode às vezes levar a pessoa a ser prisioneira de representações ideais – é acompanhado por um curto-circuito da relação para com o outro, pela comparação e desqualificação, geralmente inconscientes,

---

[5] Sigmund Freud, "Le Moi et le Ça", em *Essais de psychanalyse* (Paris: Payot, 1981). [Artigo escrito em 1923.]

em que aquele que respeita o *dress code* de sua função se torna, implicitamente, quem se submete ao código, que abandona as pretensões exigidas por seu narcisismo, comparado com aquele que se coloca acima das regras. A ausência de conflitos, por ser puramente aparente, faz com que essa atitude possa, às vezes, repercutir de maneira consciente. Quando existe uma ordem hierárquica, uma parte importante da transmissão repousa sobre a possibilidade de uma dupla identificação: o superior, o mais velho, o professor é capaz de ver no mais jovem que se apresenta, alguém muito próximo do que ele mesmo foi quando tinha a mesma idade; o mais jovem é capaz de ver nesse superior alguém muito próximo do que ele deseja vir a ser. Se uma dessas duas partes não consegue mais recriar esse jogo tão precioso, o que se passa?

Os limites do *dress code* de moda

Não é fácil para a senhora L. e o professor A. adaptarem-se a essa situação e identificarem-se suficientemente com essas "figuras de moda" para assumirem perante esses jovens a posição de professor, como eles a experimentaram no início de suas carreiras. Também não é fácil para os jovens iniciantes impostar uma imagem de mais velho, tão distanciada daquela das estrelas admiradas, como as que aparecem na série *Urgences*[*] ou em filmes sobre Wall Street.

---

[*] *ER (Emergency Room)* é uma série criada por Michael Crichton para a TV americana. Exibida de 19 de setembro de 1994 a 2 de abril de 2009 na rede NBC. Na França, a série iniciou em 27 de junho de 1996. (N. T.)

O filme *Legalmente loira,* simpático e divertido, que se destaca pelas desventuras de uma bimbo[*] californiana no auge da moda local – e que, por amor, empreende estudos em Harvard –, é uma ilustração expressiva disso. No decorrer do filme, em que a moça, apesar de suas "roupas" chamativas e diferentes do que se esperava, angaria a apreciação dos professores por causa de seu grande coração e sua intuição, que lhe permitem ganhar um processo importante, podemos observar a passagem progressiva das roupas "moda bimbo" da protagonista para roupas de jovem advogada, obviamente também de acordo com a moda e *sexy*, mas muito mais sóbrias que as precedentes: sobretudo porque são trajes de advogado!

Algumas de nossas lembranças, como, por exemplo, as de professores notáveis por sua presença, seus propósitos, e também, às vezes, por sua maneira de se vestir, deixam traços que contribuem para o bloqueio da função; o que pode nos levar a querer usar uma gravata borboleta de bolinhas, como aquela de um chefe que ocupa um cargo que mais tarde temos a intenção de exercer ou, ao contrário, nos fazer decidir que jamais usaremos uma gravata borboleta; colocar um vestido de mangas bufantes, muito chique, como usava uma antiga professora de canto, etc. Esses traços são muito diferentes daqueles que as imagens idealizadas das estrelas transmitem, pois são engendrados por uma relação real, relações que lembram aspectos de afeições ainda mais antigas. No entanto, o ponto de partida é o mesmo, a imitação. Mas, a partir desse

---

[*] Miss Bimbo é uma boneca sapeca e fogosa, com formas sensuais, que está deixando a Barbie para trás nos Estados Unidos. A palavra *bimbo*, na gíria americana, quer dizer "mulher promíscua". (N. T.)

processo fundamental que é o registro dos atos (nós nos vestimos imitando um modelo) vai instalar-se uma identificação de melhor ou pior qualidade. Esse é um mecanismo muito mais rico que uma simples imitação, pois está vinculado a uma rede complexa de representações, que vão desde a aparência do vestuário até a profundidade daquilo que é vivido no plano relacional com aquele que usa tal traje ou com outros que são evocados pela sua presença.

Entre todas as histórias que pude ouvir sobre a moda e os códigos relativos aos trajes, uma que me foi contada por um jovem rapaz me parece bastante significativa por seu desfecho inesperado. M. Renaud C., um jovem paciente com cerca de 20 anos, geralmente vestido com "*jeans*-camiseta" de marcas esportivas, fala-me de duas entrevistas profissionais que acaba de enfrentar para fazer um estágio que deve realizar no decorrer de seus estudos de engenharia: uma foi realizada em uma produtora de filmagens que está na moda e que o atrai muito, e a outra, em um escritório de topografia, evidentemente, com menos "*glamour*". Ele me confia que foi aceito nesta última empresa. No decorrer da sessão, entretanto, compreendo que ele se saiu bem nas duas entrevistas de seleção. Fico muito espantada com sua escolha. Então, ele me conta que a pessoa que o recebeu na produtora estava vestida muito na moda – rosa-choque, alças do sutiã e calcinha aparentes, muito na moda – e que, apesar de a entrevista ter sido muito "bacana" e as perspectivas "legais", ele disse para si mesmo que aquele não era o melhor lugar para aprender. A outra moça, que o atendera no escritório dos topógrafos, parece-lhe muito mais sólida (e a descrição precedente permite pensar que sua roupa também era mais clássica e recatada).

Por que esse rapaz, cujos propósitos evidentes bem compreensíveis de colocar em primeiro plano suas expectativas sexuais e amorosas em relação às moças e que permitiam, portanto, considerar que ele seria mais atraído pela mistura "sedução-lantejoulas-moda" do local de filmagem, fez tal escolha? Sua idade e a questão da diferença entre as gerações não deveriam tê-lo levado, logicamente, em direção às "jovens", segundo a jogada da moda? A resposta é clara: "É para aprender". Exatamente como meus amigos, "empregadores com idade em torno de 40 anos" e, em razão de sua identificação pessoal, provavelmente ele também considerou que sua função deveria ser assinalada pelo vestuário, e que aquele que poderia lhe ensinar alguma coisa supostamente deveria respeitar um certo código relativo a isso.

Seja como for, qualquer outra originalidade relativa ao vestuário não teria tido forçosamente o mesmo impacto, e a emoção com a qual ele me falou da roupa da diretora do "local de filmagem" me faz pensar que, nessas condições, o êxito dessa aprendizagem profissional poderia ter sido comprometido. Com efeito, uma exibição demasiadamente direta encontrava-se aqui veiculada pela moda, e, apesar da atração que ele pudesse ter por esse lado descontraído e "*in*", o sentimento dessa provocação inconsciente o incitou a recuar. Ao vestir-se daquela maneira, a moça talvez tenha negligenciado um pouco uma parte de sua função e seu interlocutor: os sentidos e o senso se confundiram!

Ligados às funções, os códigos relativos ao vestuário são, ao mesmo tempo, um sinal de reconhecimento, e colocam de maneira latente as escolhas pessoais, mas também são a expressão de um recato obrigatório. Blusas, uniformes, indumentárias, roupas ditas apropriadas, indicam por parte daquele que as usa a intenção de deixar distante seu narcisismo corporal, sua individualidade, sua sedução e de mostrar, em primeiro lugar, sua disponibilidade para a função a ser exercida.

Por que, então, existe a tendência a se produzir um curto-circuito dos códigos, como nos casos em que vimos? A referência implícita a uma imagem ideal, tal como ela é apresentada pela moda, provavelmente favorece um processo que "esquece" a realidade e seus limites mais do que os contraria... Uma vez promovido o ideal narcisista, ele zomba dos limites. Mas, mesmo nesse caso, quando menos se espera temos, às vezes, algumas surpresas.

Second Life é um universo virtual da internet que atualmente conta com vários milhões de participantes: trata-se de criar um "avatar", representante virtual de si, cuja vida é construída sob o império dos desejos de seu criador. Um verdadeiro mundo paralelo se desenvolve ali, com sua economia e sua moeda; muitas das grandes marcas de todas as áreas se instalam ali, até mesmo as lojas de moda, Armani, por exemplo... Algumas agências de recrutamento profissional também investem nesses *sites* e, em junho de 2007, grandes empresas encontraram em Second Life seus candidatos de maneira virtual. Eles eram teletransportados para locais das empresas para uma entrevista de dez a vinte minutos. Com essa experiência queria se provar que Second Life poderia oferecer a esses internautas perspectivas profissionais na vida real. Poderíamos, então, imaginar que, na virtualidade, os códigos relativos ao vestuário iriam se tornar completamente obsoletos, vestígios de um velho sistema condenado à involução.

"O caráter lúdico do encontro permite romper estereótipos e impede quaisquer discriminações", observa Yann Auffray, responsável pelo recrutamento via internet da L'Oréal.[6] De fato, e é talvez isso que demonstre que nos sistemas econômicos atuais não é assim que acontece –, mesmo em Second Life, paraíso da onipotência do virtual, a apresentação ainda conta no mundo dos negócios. Como escreve Pascal Grandmaison, jornalista do *Le Figaro*, é preciso, mesmo apesar das novas facilidades aparentes, tomar muito cuidado com os parâmetros de si que a pessoa transmite: "Por meio de seus 'avatares' ou personagens virtuais (atenção ao vestuário), os interlocutores se expressam por escrito (atenção aos erros de ortografia) de maneira mais descontraída que por ocasião de uma clássica entrevista para conseguir um emprego". Certamente, a pessoa simula e fica descontraída, mas o jornalista, bastante realista, ressalta que lá como em qualquer outro lugar a indumentária escolhida fornece, da mesma maneira que a ortografia, indicações úteis para os recrutadores... Se todas as empresas não exigem, como nos meios da finança, uniformes impecáveis e modernos, baseados nos ternos Hartwood ou Zegna, sóbrios e escuros, e abotoaduras como as que podemos ver nos voos *cityjet* das 7 horas,[7] as exceções são bastante raras e os *dress codes*, por serem mais sutis, nem por isso estão menos presentes.

---

[6] Pascal Grandmaison, "*Second Life*: candidats virtuels pour job réels", em *Le Figaro*, Paris, 29 de junho de 2007.

[7] "Le *cityjet* de 7 heures: le vol des as de la finance", em *Le Monde*, "Bienvenue chez les puissants", Paris, 20 de agosto de 2007.

Dress code de moda e passagem ao ato

A senhorita Axelle A., uma jovem paciente "hiperestilosa", diverte-se realmente com a moda quando chega ao meu consultório vestida como uma estrela de *rock* quando, na verdade, é uma moça de aparência bastante frágil e infantil? *Piercing* na sobrancelha, vários brincos em cada orelha, e roupas que vão desde a superposição de camisetas com calças muito largas, a ponto de quase cair, até as meias-calças com saia muito curta e tênis da marca Converse e meias. Quando ela usa algum *top*, seu ventre desnudo deixa aparecer o umbigo e, de acordo com o tipo de calça que veste, vemos a parte de cima da calcinha. Seu rosto e sua aparência muito juvenis são encantadores e sem vulgaridade. O contraste entre suas intenções e seu aspecto é surpreendente, ela é uma jovem que vem consultar uma psicanalista para resolver problemas ligados à sua busca de autonomia; autonomia que poderíamos supor já ter sido adquirida, se nos fiássemos em sua maneira de se manifestar e se vestir.

Durante as primeiras semanas de trabalho em comum, mais de uma vez sua aparência deixou-me perplexa, sobretudo quando ela se apresentava de maneira particularmente desnudada, sem ter aparentemente a menor consciência do aspecto provocante de sua roupa; nada em suas intenções ou sua atitude permitia pensar nesse registro. Axelle circula com a ausência aparente de uma parte da mensagem que "envia", porque o valor sedutor da revelação do corpo não pode ser percebido. Estamos diante de uma ambiguidade que reaparece pelo fato de que ela especula, inconscientemente ou não, com um contraste que se formularia da seguinte forma: "Estou vestida para dançar um *rock* 'paulera', mas vou patinar", eliminando assim todo o alcance dual e erótico do *rock and roll*.

Essa desconexão aparente não deixa de ter efeito sobre mim, e me surpreendi perguntando a mim mesma se deixaria minha filha vestir-se dessa maneira. Tenho até uma segunda intenção no que diz respeito à organização das consultas: muitas vezes penso em lhe propor consultas durante o período da manhã a fim de evitar que ela seja obrigada a voltar para casa à noite vestida daquele jeito, uma maneira de respeitar (durante o tempo que é necessário para compreender) esse curto-circuito aparente, espantoso e paradoxal, da sedução e do pudor. Essa desconexão entre seus propósitos, sua atitude bastante infantil e sua maneira de vestir-se a coloca ao lado de todos os significativos "clássicos" do mostrar-ocultar da sedução, e também de toda a questão do erotismo da roupa de baixo e do umbigo... Em páginas muito instrutivas sobre o alcance erótico do umbigo, Desmond Morris sublinha que "os manuais de educação sexual não se enganaram ao insistir sobre a fascinação que o umbigo exerce sobre os jovens amantes quando exploram o corpo de seus parceiros". E mais adiante: "O potencial erótico do umbigo da mulher foi muitas vezes levado até o fetichismo... Um documento do Observatório americano do umbigo (*sic*), intitulado *Arquitetura do umbigo*, identifica não menos que nove formas diferentes".[8]

Com essa jovem paciente, a questão do umbigo aparente torna-se um enigma sobre a vontade de seduzir ao mesmo

---

[8] Desmond Morris, *La femme nue*, trad. francesa Benjamin Loveluck (Paris: Calmann-Lévy, 2005), p. 212. [1ª ed. 2004.]

tempo direta e bastante vaga. A moda liberta aquela que se adapta a ela de sua posição pessoal (pois, como está na moda, ela pode permitir-se qualquer coisa) e isso consequentemente conduzirá essa jovem e sua terapeuta a uma forma de repressão dos estados afetivos elementares associados a essa forma particular de erotismo, ao mesmo tempo presente e ausente... Além de aceitar esse enigma por aquilo que ele é, o que me proponho a fazer é esperar para compreender melhor suas implicações.

A que corresponde esse olhar? Axelle deseja ser parecida com as estrelas de *rock* sexualmente agressivas que ela admira e cujos *clips* ela vê repetidas vezes? Nessa hipótese, esse desejo seria completamente responsável pelo seu vestuário sem que nada de sua vida pessoal – tal como ela a relata – interfira nisso verdadeiramente, porque suas preocupações ainda estão muito centradas em suas relações familiares. Sua aparência seria uma mensagem dirigida a seus pais, estratégia de negação da erotização paradoxal do corpo para evitar a revivificação de desejos sexuais recalcados, em linguagem que lembraria aquela da negação do sexual infantil? "Eu bem que posso usar tudo que me agrada sem me preocupar com a censura, pois todo mundo ao meu redor está de acordo em não ver, nessa maneira de vestir-me, uma preocupação sexual", ela parece dizer. Por conseguinte, foi para compreender sua forma particular de negação do sexual que, de maneira inconsciente, essa jovem queria, na verdade, conduzir-me e talvez essa fosse a implicação dessa dissociação aparente.

Quando um dia ela chegou ao meu consultório vestida com uniforme militar e usando grandes botas de soldado – um novo "uniforme da época" –, foi-me fácil, então, compreender, nessa nova "forma de moda" tão radical, que essa era uma maneira de continuar a enumerar as variações de seu percurso em busca de sua identidade sexual. As mudanças de indumentárias tinham quase um valor de jogo psicodramático de experiência, de panóplias, que representavam um momento evolutivo particular, de mudança momentânea de atitude fantasiosa com seus vínculos, com seu meio e comigo. Esse movimento, que acompanhava a evolução da elaboração da sua identidade feminina, por outro lado, tomou em seguida uma dimensão de jogo com a moda, em que a parte que reaparecia em seu desejo de sedução se tornou mais consciente e ganhou em sutileza.

Da provocação ao recuo

Muito influenciados pelos ditames da moda, os *dress codes* perdem dessa maneira um pouco do seu valor de elaboração. É mais difícil distinguir seu valor de submissão ou de transgressão, valores que evidenciam suas relações com o superego e aquilo que estamos ou não prontos a conceder à vida civilizada e às suas exigências. Para ficar fascinados por uma primeira dama da França que, no dia da posse de seu marido, veste pela manhã um vestido Prada dourado no mais puro estilo *bling-bling*, é preciso que isso possa também representar a "transgressão de uma superpoderosa" aos olhos de todos os outros... E os *blogs* não ficaram silenciosos diante do brilho particular desse vestido, como o *blog* de Grey, que começa assim: "Uma espécie de vestido de coquetel prateado às 11 horas da manhã! Não aí, francamente, beiramos o mau gosto, mesmo para o estilo *bling-bling*!". É com relação aos códigos tradicionais dos rituais de cerimônias que esse comentador, que está prestes a conceder ao *bling-bling* a possibilidade de ser de bom gosto, fica chocado, pois, se ele imagina, com boa vontade, que é possível usar um *bling-bling* às 11 horas da manhã no pátio do palácio do Élysée, é preciso que seja um *bling-bling* apropriado para a manhã e, certamente, não um para noite![9]

A fascinação, o espanto, os comentários ocorrem porque cada um sente que alguns trajes são usados antes de tudo para provocar e afirmar a primazia narcisista e o poder daquele ou daquela que os ostenta. Se, progressivamente, a questão da transgressão em relação ao código cultural e social não se coloca mais ou se impõe menos, e, quando uma certa banalização se instala, pode bem ser que desapareça uma parte importante da linguagem dos olhares que trocamos com os outros. Então, concentrados em nossas próprias individualidades, com nossos olhares unicamente mergulhados em nossos próprios espelhos, não nos sobraria apenas ficar fascinados pelas imagens virtuais e por nós mesmos?

---

[9] Originalmente, "*bling-bling*" refere-se às joias e aos acessórios que adornam os trajes extravagantes dos cantores de *rap*. Por extensão, a palavra designa um estilo ostensivo e excessivo.

A moda masculina: perto do desaparecimento das "belas diferenças"?

Atualmente o esporte ocupa lugar central na moda. Ele se encontra no cerne da ideia de juventude, de liberdade e de distinção física. Desde os anos 1930, no entanto, J. C. Flügel observava que foi uma jogadora de tênis jovem e talentosa, Suzanne Lenglen, que, ao encurtar suas saias um pouco acima dos joelhos, lançou essa moda, seguida por Helen Wills que, com as saias curtas, anunciaria o fim das meias enroladas, adotando as meias soquetes.[1] Mas o que era autêntico na moda feminina e que, segundo Flügel, correspondia à corrente geral de emancipação das mulheres, mais livres em seus movimentos, não o era necessariamente na moda masculina.

---

[1] John Carl Flügel, *Le rêveur nu* (Paris: Aubier-Montaigne, 1982), p. 138. [1ª ed. 1930.]

Há cerca de vinte anos, com efeito, apenas os surfistas criaram um visual particular, antepassado da atual "atitude-legal", e muito de acordo com uma ideia de marginalidade. Os jogadores de futebol, tenistas e ciclistas permaneciam clássicos, pelo menos enquanto praticavam seu esporte. Quanto aos que jogavam rúgbi, eram considerados (não faz muito tempo e para os não iniciados) como a quinta-essência do masculino sem afetação. Nem uns nem outros eram guiados por uma reivindicação manifesta mais ou menos implícita do visual. Dito de outra maneira, o que se expressava no desempenho esportivo não se estendia à indumentária; às roupas masculinas de esporte era classicamente atribuído o aspecto prático e eficaz.

Os esportistas representam uma tendência

Pascal é um homem que as pessoas notam... Essa "figura marselhesa" do windsurfe (*La Provence*, julho de 2007), especialista na realização de proezas acrobáticas sobre sua prancha a vela, é também um homem muito *fashion*: macacão *jeans* ou calças decoradas em tecido de cânhamo, camisas de marcas muito refinadas com coloridos e motivos habitualmente reservados ao vestuário feminino: rosa, amarelo-claras ou flamejantes, ornadas com rendas, joias étnicas, *jeans* trabalhados, gastos ou com rasgões muito estudados. Pascal cuida particularmente do seu visual e aspecto físico. Seus 40 anos não são visíveis, o olhar risonho é de um homem sedutor e que adora seduzir. Ele segue a moda até em suas roupas de windsurfe, que também são muito marcantes por sua originalidade. As proezas técnicas que realiza sobre a água, às vezes com ventos violentos, de uma dificuldade extrema, exigem um domínio muscular e sensório-motor perfeitos, qualquer vacilo conduz ao fracasso e à queda. Suas *performances* estético-esportivas, seu corpo e o olhar daqueles que o admiram são um modo de expressão essencial dele mesmo, um todo visivelmente portador de grandes satisfações.

Nesse investimento do narcisismo diretamente ancorado no corpo, podemos levantar a hipótese de que o prazer de ser visto e admirado está emaranhado com as sensações físicas musculares e sensoriais do deslizar, e que esse prazer tão complexo é transferido também para quando se encontra em terra, quando Pascal veste roupas *fashion*.

Nos dias atuais, os esportistas estão na vanguarda da tendência da moda e – especialmente entre os homens – constatamos, como no caso de Pascal, um investimento particular na aparência e no culto do corpo capaz de grandes desempenhos. Não tanto pela musculação, prática comumente desacreditada pelos esportistas, caso não participe diretamente do objetivo da preparação, mas pela valorização do "corpo esportivo que está na moda". Será isso um retrocesso ou uma novidade? Podemos colocar essa questão ao vermos a que ponto algumas roupas esportivas, como as usadas pelos ciclistas atuais, por exemplo, se parecem com as roupas justas, moldadas ao corpo, dos homens da Renascença. O que é certo é que uma profunda mutação se produziu nos últimos anos, sinal de uma época em que o esporte patrocinado por marcas publicitárias progressivamente promoveu o campeão esportivo à posição de modelo particular do patrocinador, com um suporte midiático enorme. Esse investimento no campeão como "mensageiro de marca" chegou, nos dias atuais, à maestria que aquele que pratica esportes conquistou ao utilizar sua imagem em benefício próprio, como se, de certa forma, depois de ter se sentido objeto, ele tivesse executado um retorno sobre o investimento narcisista ao colocar-se em cena fisicamente em prol de seu próprio interesse.

Mas esse "retorno visual sobre si mesmo" dos grandes esportistas, como mostra o exemplo de David Beckham, ícone da moda e jogador de futebol de grande talento, é um fenômeno que, às vezes, pode ultrapassar o simples interesse dos homens da atualidade pela moda.

Metrossexuais

Conhecido igualmente por seus talentos como modelo, que lhe proporcionam rendimentos tão significativos quanto seus sucessos esportivos, David Beckham não é somente um sensato amante da moda que sabe vender sua imagem – tatuado, unhas pintadas, conhecido por usar ocasionalmente as peças íntimas de sua mulher –, ele assume seu lado feminino e, depois de ter posado para a capa da revista *gay Attitude*, afirma na *Sports Illustrated* "que ser um ícone *gay* é para ele uma grande honra, que não tem nenhum problema em relação a isso, que deveria ser a norma, banal".[2] Como Djibril Cissé ou Frédéric Michalak, ele é considerado um "metrossexual",[3] quer dizer, um "homem que vive nas grandes metrópoles e que, qualquer que seja sua orientação sexual, tem grande sen-

---

[2] David Beckham, em People.com.
[3] "David Beckham: le métrosexuel du ballon rond", em *Le Monde*, Paris, 7 de agosto de 2007.

so estético e consagra muito de seu tempo e de seu dinheiro ocupando-se com sua aparência e com seu estilo de vida".

O conceito de metrossexual foi elaborado pelo jornalista Mark Simpson em 1994, que em seguida especificou – pois a palavra comporta ambiguidades – que para ele se tratava de definir uma nova categoria de homens mais interessados por sua imagem que pela afirmação de certezas que dizem respeito à sua identidade sexual.[4] Se o termo metrossexual marcou o início de uma longa série de qualificativos sobre os quais voltaremos a falar mais adiante, pode ser que seu sucesso e sua parte de obscuridade signifiquem mais que um simples efeito momentâneo. Não poderíamos, assim, reconhecer na moda (que fez seu sucesso) a capacidade de colocar sob nossos olhos, com leveza e não sem humor, o resultado de um movimento muito mais profundo, a emergência de uma problemática que, por parte dos homens como das mulheres, questiona a masculinidade e a virilidade?

O termo, com efeito, nos deixa perplexos, e nos perguntamos por que é necessário colocar nessa definição uma noção de orientação sexual. Por que não falar simplesmente de homens mais atentos do que antes à própria aparência e mais decididos a consagrar a ela somas importantes? Provavelmente porque se trata de outra coisa e não de uma simples atenção suplementar. E foi com razão que Mark Simpson se propôs a descrever o fenômeno. Na própria palavra, construída a partir do modelo dos termos homossexual e heterossexual, poderíamos esperar que o prefixo "metro" indicasse uma escolha de

---

[4] Mark Simpson, "Meet the Metrosexual", disponível em http://www.salon.com/ent/feature/2002/07/22/metrosexual/index.html.

objeto amoroso, como proposto por homo ou heterossexual. Ora, o que é afirmado aqui, com certa arte do paradoxo, é que, certamente, há uma noção sexual, mas que se trata de um sexual particular, organizado em torno da imagem de si, desconectado da opção sexual, que é dita "de qualquer orientação"... Nos encontramos, assim, bem próximos da ideia do "visual-auto-s*exy*", que qualifica uma atitude em que o sexo não esconde a sedução do objeto, mas refere-se a si como objeto de si mesmo, por meio do olhar indireto do outro, como uma espécie de deslize sutil, que retorna para o narcisismo.

Essa desconexão da questão da escolha sexual remete fortemente a uma banalização, e tudo se passa como se a "barreira" entre os gêneros sexuais se tornasse tão tênue quanto contingente, mesmo quando a necessidade de afirmar a escolha sexual é constante. Com efeito, não há um artigo consagrado aos metrossexuais que não reafirme que eles são heterossexuais, e isso evoca irresistivelmente a persistente negação de uma interrogação que permanece implicitamente colocada...

Desde o aparecimento desse termo, um certo número de outras palavras surgiu, o que nos leva até a pensar que tudo isso não passa de uma simples sucessão de diferentes modos sexuais masculinos, uma espécie de jogo social particular em torno da identidade sexual "homo, hétero, metro"; agora surgiram os "ubersexuais" e amanhã, o que virá?

Por exemplo, em oposição ao metrossexual, com aparência muito "feminina", o ubersexual[5] também está muito atento ao seu visual, por meio do qual ele cuida de seu charme

---

[5] "Il a bonne mine l'übersexuel", ponto de vista de David Abikes, 6 de dezembro de 2005, disponível em fboizard.blog.lemonde.fr.

viril..., mas concomitantemente dedica-se à sua família. Além disso, tudo se passa como se houvesse uma dúvida a dissipar, como se antigamente os homens tivessem sido condenados a escolher entre a atenção que dão a eles mesmos e a sua capacidade para ser um bom pai e um bom marido. Podemos até nos preocupar muito quando vemos nos *blogs* atuais que George Clooney e Bill Clinton são os ícones dos ubersexuais. Esses *slogans* são apenas imagens publicitárias que tentam encorajar os homens a serem consumidores de moda sem serem taxados de egoístas? Entretanto, a conotação nietzschiana do super-homem exagera na questão do demasiado, do não suficiente, ou mesmo do "radicalmente mudado", com o desejo latente de artificialismo que isso supõe. Então, em torno do que giramos, de qual incerteza sobre o masculino se trata?

Os hermafroditas modernos ou pós-adolescentes?

O metrossexual ostenta, portanto, a liberdade suplementar de uma aparente desconexão de gênero. O psicanalista Jacques Sédat[6] fala da silhueta de um terceiro tipo que confunde; para ele o metrossexual é um homem que tem a capacidade implícita de reconhecer a sua bissexualidade psíquica, um "hermafrodita moderno". Esse jogo com essa possível bissexualidade, que poderia se anunciar dessa maneira, suscita algumas reflexões em relação à posição da identidade sexual ali introduzida, pois, apesar da aparência, não é fácil conce-

---

[6] Jacques Sédat, "Métrosexuels: hermaphrodites modernes", em *L'Express*, 26 de abril de 2004.

ber que, aquilo que é da ordem de um processo inconsciente complexo, possa ter uma tradução visual tão direta.

Presença obscura e inconstante do feminino no homem e do masculino na mulher, a bissexualidade "dota de fato cada um com uma alteridade sexual virtual e por isso mesmo portadora de indeterminação".[7] Presença sutil, pois, de maneira clássica, quanto mais se afirma a diferença entre os sexos mais essa potencialidade da bissexualidade torna-se virtual e sofre involução[8] a partir das mudanças da adolescência. Assim, algo especial aconteceria nesse momento para alguns adolescentes que, ao favorecer diferentes utilizações do "acessório" que representa o feminino, manteriam alguma coisa "anterior" à da escolha do gênero, e, para isso, praticariam as potencialidades que a moda lhes oferece: uma espécie de derivação do pré-sexual ao lado do sexual adulto que, se perdurar, seria uma tentativa de conciliação entre um estilo novo em ruptura com o destino libidinal e as exigências da vida social e familiar?

A adolescência é o período em que aparecem no corpo as características sexuais – a pilosidade, a mudança de voz para os meninos –, é quando, psiquicamente, se produz o impulso pulsional da puberdade. Essas modificações corporais constituem uma espécie de ataque interno, pois elas transformam o "corpo de criança", aquele da fase de latência, período precioso para a elaboração psíquica, fase de equilíbrio narcisista. Diante desse perigo da perda do corpo de criança (que se manifesta nas dismorfofobias, por exemplo, forma de deslocamento da angústia, suscitada pelas transformações

---

[7] Christian David, *La bisexualité psychique* (Paris: Payot, 1992), p. 26.
[8] Ibid., p. 27.

da puberdade sobre diferentes partes do corpo ou, ainda, na anorexia mental), uma reação narcisista defensiva por vezes vai se produzir: a concentração de energia em tudo aquilo que precede o amadurecimento da sexualidade e suas transformações, seguindo nisso um caminho inverso ao da concentração de energia voltada para o exterior, para o outro, o objeto do encontro amoroso. Assumido, adornado, ativo, esportivo, o corpo pode ser considerado como uma modalidade de manutenção de uma completude narcisista, que, na adolescência, funcionaria como uma fase intermediária, apoiando-se sobre o olhar do outro para verificar sua capacidade de ser olhado com admiração antes de ser objeto de desejo...

A partir disso, compreendemos melhor que são os grandes esportistas que se tornam com frequência os ícones da metrossexualidade e, mais frequentemente, que o esporte e o investimento no muscular estejam implicados nisso: eles assinalariam, assim, no momento das modificações corporais da adolescência, o funcionamento de uma proteção contra a excitação, na qual a "segunda pele muscular" estaria a serviço da segunda pele visual e corporal, a do visual-auto-*sexy*. Esse tipo de funcionamento particular teria, ao mesmo tempo, um valor autoerótico e criador: um conjunto complexo de si para si, relativamente independente do objeto, e que seria apenas uma preparação para a etapa crítica do encontro este; essa modalidade defensiva e regressiva temporária de reinvestimento da pré-genitalidade, das pulsões sexuais infantis, pertenceria a uma "bissexualidade pré-genital".

Essa bissexualidade pré-genital se conservaria em alguns homens, que, assim, se distanciariam de um compromisso muito exclusivo com sua identificação masculina. Talvez seja necessário compreender assim os propósitos de David Beckham: "Meu pai é um homem muito homem, eu me sinto muito mais próximo da sensibilidade de minha mãe, nós temos a mesma sensibilidade".[9] O genital masculino sexuado não estaria mais na moda? Uma amiga me contou sua perplexidade ao constatar que o filho de 16 anos se depilava completamente e ela se perguntava se isso poderia ter ligação com o fato de que seu marido era um homem muito masculino, muito pouco atento à própria aparência. Os questionamentos tendiam a fazer da depilação de seu filho o suporte – artificial e temporário – de um "antes" em reação ao "masculino paterno", por ocasião da revivescência das fantasias edipianas que acompanham a adolescência.

Ego casting[*] e sublimação

Olivier B. me conta que tem exatamente o mesmo visual desde quando era adolescente, e com isso quer me fazer compreender que ele não pode ser definido como um homem que se deixaria seduzir pela moda. Contudo, nos meandros de uma de nossas conversas amistosas, fico sabendo que ele usaria de boa vontade um terno Versace se modificassem as calças segundo o seu gosto... Nada de Boss, mas de Versace (notemos de passagem que essa reflexão parece muito

---

[9] David Beckham, disponível em http://www.people.com/people/david_beckham. Essa proposição ilustra da melhor maneira possível o fato de que, se o metrossexual se constitui sobre o modelo de metrópole, então a raiz mãe (*mater*) é a mais importante a ser levada em conta.

[*] Perseguição completamente personalizada e extremamente restrita de um gosto pessoal. (N. T.)

elaborada para um homem que não "modifica" seu visual... e revela, ainda, certa sensibilidade à moda para quem se diz estar por fora de tudo isso...). Uma coisa é certa, ele mostra ter grande afinidade com o dandismo: é um admirador de Prince, de quem gosta, ao mesmo tempo, do talento artístico e do senso de *ego casting*. Por outro lado, fala com humor e ternura do garoto que foi e se pergunta o que o atraiu no fato de se parecer com o cantor *pop star* George Michael. Se ele se interroga dessa maneira, é, evidentemente, se reportando ao fato de George Michael "ter aberto o jogo", revelando uma homossexualidade que permanecera escondida do público até então. Olivier lembra-se de que o artista usava dois grandes brincos de argola, e foi esse elemento feminino que o interessou particularmente. Muitos dos que eram moças e rapazes naquela época se recordam da perfeição estética dos *clips* desse cantor, em que os mais belos modelos figuravam em poses lascivas... Qual utopia da moda está em jogo nessas identificações de momento? Provavelmente a quimera em que a beleza física é o elemento dominante e a sensualidade muito evidente.

O próprio Olivier tem atualmente um visual bastante particular: muito alto e atlético (ele afirma com muita pertinência que já era muito alto com a idade de 11 anos e que muito jovem já apresentava um corpo de homem), usa joias com prazer (além de um brinco que nunca tira) e prende os cabelos em coque na nuca. Ao descrevê-lo dessa maneira, poderíamos pensar que sua identidade sexual seja um enigma. Mas compreendemos muito depressa que os elementos "femininos", integrados ao seu visual, estão presentes para completá-lo de maneira original e como uma obra a ser decifrada. Sua história, seu percurso, assim como sua atração pelas tatuagens simbólicas, oriundas da cultura maori, permite levantar a hipótese de que sua conduta estética é uma espécie de "criação identificatória", para retomar os termos da psicanalista Martine Vautherin-Estrade[10] quando analisa o comportamento de um de seus pacientes, cuja prática de tatuagem se ancora na cultura japonesa.

Como Pascal, Olivier é um grande esportista, tendo praticado surfe em particular. Fisioterapeuta de formação, é osteopata, atende e trata de corpos deteriorados e em sofrimento. No seu centro de cuidados aquáticos, cercado de mulheres que o observam enquanto conduz as sessões, ele se "ocupa" de músculo após músculo, quer seja para fazê-lo trabalhar, quer seja para esculpir o corpo com a ajuda da água. Desde a adolescência, a constância e a evolução de seus investimentos nos permite falar a seu respeito de que há um trabalho sublimatório em torno do corpo e de seus estados, percurso que, no momento, se afirma em sua vida profissional.

Mas essa integração nem sempre é bem-sucedida, e alguns elementos extraídos de duas entrevistas com um paciente, atendido em situação de urgência, talvez possam esclarecer uma situação mais problemática, quando a moda hiperassumida por um homem testemunha um destino menos feliz dos efeitos da bissexualidade psíquica.

Uma busca identitária complexa

Depois de um telefonema motivado por um estado súbito de ansiedade que ele não compreende e que ameaça as ne-

---

[10] Martine Vautherin-Estrade, "Des grenouilles tropicales dans un paysage", em *Revue Française de Psychanalyse*, Paris, 2003, pp. 515-526.

gociações que deve empreender, M. Philippe C. chega ao meu consultório e me explica que está em viagem pela região para enfrentar uma negociação não habitual, na qual será confrontado pela primeira vez em sua vida profissional com um homem muito mais velho e bastante conhecido no seu meio por sua agressividade, mas também por sua influência. O problema desse paciente é ao mesmo tempo atual e futuro. Quando ele tenta me relatar seus temores quanto a essa entrevista, evoca o homem de quem quer obter algo importante para seus negócios com um misto de admiração e desprezo; embora desejasse ridicularizá-lo aos meus olhos, a descrição que faz desse homem é, na verdade, cheia de admiração. Segundo suas intenções, chego a supor que ele gostaria muito de trabalhar com esse homem e triunfar sobre ele por sua capacidade de conseguir, pela sedução, o que o outro só consegue pela força. Se ele não está consciente desse duplo movimento de "aproximação-rivalidade", faz a associação entre o acesso de angústia que o acomete e essa situação de afrontamento, pois o acesso sobreveio no mesmo instante em que ele confirmou que estava disponível para a hora marcada para o encontro.

Mesmo se as roupas de luxo fazem parte do meio que esse homem frequenta, nem por isso deixa de ficar evidente que ele mostra uma originalidade bastante particular, e me ocorre um pensamento um pouco estranho: se ele for para a negociação com a roupa que veste no momento, pode bem suceder que seu narcisismo, traduzido pelas roupas, incomode o seu interlocutor. Ele está vestido com um terno cujo corte, a textura e as cores bastante ousadas – melhor dizendo, excêntricas – não correspondem a nenhum dos códigos clássicos (e os *dress codes* de seu meio profissional são certamente bem diferentes). É difícil dizer, com efeito, se trata-se de um homem de negócios da área da comunicação e do cinema ou de um estilista de moda, se trata-se de um homem que está em uma jornada de trabalho ou que parte para passar um fim de semana mundano. É difícil também precisar sua idade, pois ele conjuga um aspecto adolescente e adulto ao mesmo tempo. Tudo o que se pode dizer é que ele prestou a mais extrema atenção às roupas muito caras que veste. O que transmite de si não é simplesmente a ideia de que ele é um homem jovem e que está na moda, mas de que é um homem que cultiva, conscientemente ou não, na sua maneira de se vestir e na sua atitude, uma forma sutil de ambiguidade.

Quando, no decorrer de uma segunda consulta, ele conseguiu falar um pouco mais sobre si, contou-me do seu interesse pelas roupas, concluindo, com um misto de ingenuidade e de vaga inquietação, que isso faz com que muitos de seus amigo(a)s se perguntem se ele é homossexual. Ao mesmo tempo em que busca em meu olhar se eu também me coloco essa questão, ele afirma que sua roda de amigos pode, no entanto, em vista de suas múltiplas aventuras amorosas, constatar que ele aprecia as mulheres... Mas ele se interroga, apesar de tudo, sobre a sua identidade, porque a maioria das mulheres que se aproxima dele não hesita em lhe dizer que elas o acham muito "*sexy*", mas estranho.

Ele me fala da sua vida amorosa como de um esporte apreciado, mas extenuante, que ele gosta particularmente de praticar, mas que, como o resto de seus investimentos, permanece bastante superficial. Não compreende como as carícias trocadas podem desencadear tais reações de frustração por parte de suas parceiras. E sua reação espantada em relação às queixas de suas companheiras parece totalmente sincera. A juventude e o esporte são elementos indispensáveis ao seu bem-estar pessoal; tornar-se velho e barrigudo é combatido como uma obsessão, o que o leva, sob a dissimulação da prática esportiva, a um controle de seu peso que beira a anorexia. Da mesma forma, quando fala espontaneamente da sua depilação completa (que, como o resto dos seus propósitos, me parece ser uma forte tendência ao exibicionismo), ele curiosamente a apresenta como necessária à sua prática esportiva, mesmo que nenhum esporte exija que alguém se depile completamente...

No decorrer dessas duas consultas, sua vida como criança e suas relações com seus pais ocuparão lugar bastante restrito: eu só obterei algumas breves informações e, por isso mesmo, revelam uma certa carência. Eu fico sabendo que seu pai, monopolizado pela vida profissional, passava muito pouco tempo com ele e com sua mãe. Então, fico com a ideia de que ele tentava, com suas roupas excêntricas, chamar a atenção de um pai ausente e desatento a suas necessidades e as de sua mãe solitária, talvez muito suscetível a ser seduzida por suas maneiras de ser. Nessa perspectiva, o que era dado à analista ver, nessa maneira tão particular de "se mostrar", era que estava em jogo um elemento conflituoso ausente da cena psíquica e que encontrava, assim, um caminho complexo para chamar a atenção.

No decorrer dessa crise existencial transitória, acompanhada de uma verdadeira alergia à angústia – que para ele era insuportável de ser experimentada –, estava sua forte submissão à necessidade de ser admirado e reconhecido, manifestada como objeto de desejo. O que o tornava com frequência bastante infantil em seu comportamento em relação aos outros que, quaisquer que fossem, eram considerados por ele como adultos. Assim, a negociação que ele devia enfrentar o colocava, ao mesmo tempo, diante de seu desejo de submissão e de seus estados afetivos elementares extremamente agressivos em relação àquele homem descrito como hipermasculino, com quem ele não conseguia se identificar e que, portanto, ele procurava desqualificar.

Penso que o que ele procurava nos olhares curiosos dos outros sobre si era a confirmação de uma espécie de capacidade inconsciente de impressionar: combinar tudo com sucesso para permanecer em uma espécie de infância, e manter as potencialidades da bissexualidade pré-genital pela recusa de entrar na pele de homem, que ele não conseguia vestir favoravelmente. O que, com a idade, só poderia ocasionar momentos difíceis. Além dessa única preocupação de agradar, o cultivo de seu aspecto ambíguo, presente em seu vestuário, na sua diferenciação sexual e no seu investimento para parecer jovem, traduzia uma profunda busca identitária substituída pela aparência. Se as duas consultas isoladas o ajudaram talvez a atravessar um momento difícil, só podemos desejar que, de volta a sua casa, ele tenha podido "trabalhar" os elementos revelados por essa crise, empenhando-se em fazer uma psicoterapia profunda.

Reação pós-traumática ou neutralização?

Assim, juventude, liberdade, atividade, *performance* e culto da aparência, tomaram a dianteira da cena da moda tanto para os homens como para as mulheres. Os homens também seguiriam uma espécie de movimento de emancipação, como as mulheres no século passado? Mas em relação a qual modelo e para escapar de qual enclausuramento? Pascal, Olivier e todos aqueles que, de uma maneira mais ou menos direta, cultuam intensivamente sua aparência seriam representantes de um movimento geral ou, por meio de seu visual, os metrossexuais e os ubersexuais estariam exibindo e promovendo seu narcisismo e seu auto-sex-a*ppeal* ao mesmo tempo em que estão menos diferenciados sexualmente? Trata-se de um fenômeno reacional ao "masculino agressivo" que marcou o imaginário no século anterior?

À emancipação feminina, que muitas vezes é malcompreendida e pode favorecer uma imagem de mulheres hiperativas que parecem ostentar como um simples acessório um companheiro artificial, corresponderia uma emancipação dos homens, libertos de sua aparência classicamente masculina e da ideia geralmente admitida de que demasiado narcisismo em um homem denota pouca capacidade de dedicar-se às atividades sociais, de se devotar a ações por outrem, falta de espírito de equipe. Ora, esse espírito de equipe, esses "sentimentos sociais", pilares da civilização, eram considerados por Freud como uma sublimação da sexualidade: "do ponto de vista psicanalítico, nós estamos habituados a conceber os sentimentos sociais como sublimações de posições de objeto homossexuais".[11] Essa exigência de sublimação teria se tornado menos enérgica?

---

[11] Sigmund Freud, "Sur quelques mécanismes névrotiques, dans la jalousie, la paranoïa et l'homosexualité", em *Névrose, psychose et perversion* (Paris: PUF, 1973), p. 281. [Artigo escrito em 1922.]

Podemos, talvez, avançar na ideia e pensar que as mães dos jovens adultos da atualidade, que se opuseram a esse "masculino" julgado excessivo, não transmitiram mais os valores "usuais" da diferença entre os sexos. Do mesmo modo que seus parceiros masculinos, muito ocupados e provavelmente tomados por um sentimento de culpa inconsciente, não chegam mais a investir na transmissão de uma imagem de si mesmos de maneira favorável. Como uma reação a essas configurações, alguns metrossexuais seriam do gênero neutro? A recusa da diferença entre os sexos (assimilada como uma luta entre o forte e o fraco) e da sexualidade (assimilada como um todo à violência) facilitaria, como sugere André Green, uma elaboração psíquica, "do gênero neutro": "O sujeito elabora e alimenta sem cessar a fantasia de uma assexualidade. O sujeito não se pretende nem masculino nem feminino, mas neutro".[12]

A essa fantasmática inconsciente, que talvez esteja na origem desse movimento, podemos acrescentar uma questão que diz respeito às consequências da história e daquilo que dela foi transmitido, sobretudo do ponto de vista da imagem. Porque as gerações envolvidas são aquelas que foram imersas nas mídias visuais desde a mais tenra infância, uma revolução profunda na nossa civilização. Dessa maneira, os jovens da atualidade estariam diante de uma situação de complexidade particular, em que o imaginário do uniforme das roupas masculinas, às vezes, se aproxima da dos uniformes militares e, além disso, das violências mostradas no século passado?

---

[12] André Green, *Narcissisme de vie: narcissisme de mort* (Paris: Minuit, 1983), p. 219.

Uniformes de torturadores, uniformes de vítimas, sinais de supressão da identidade, sinais de violência contra outrem, a história recente é rica em imagens terríveis nas quais o masculino "super-homem" procurou erradicar a diferença, o outro, o feminino... E é possível que as tentativas de criação de uma nova masculinidade sejam uma maneira de recusar, por meio da moda, tal herança "transgeracional", uma reação a uma espécie de trauma, uma espécie de desempenho para tentar elaborá-lo.

Esse esfacelamento das "belas diferenças" tem consequências?

Como Christian David sublinha, esse caminho em direção a

> uma bissexualidade que suscita uma abertura dos universos masculino e feminino e uma atenuação da diferença entre os sexos, em suma, aumenta em parte a comunhão entre homens e mulheres, mas a tensão libidinal provavelmente perde com isso, arrisca-se mesmo a se produzir uma certa involução da sexualidade, mas a comunicação se anima, se amplia...[13]

Maior comunicação pela maior proximidade, mas uma libido que se serve mais dos caminhos da sublimação que do agir, com o risco até de que o visual-auto-*sexy* de cada um supere o encontro sexual?

Mantendo um certo otimismo, podemos imaginar que essa criatividade aplicada a si mesmo se tornará o prelúdio de relações mais equilibradas entre os sexos, em que parte do narcisismo de cada um será mais bem preservada por essas transformações do narcisismo corporal e servirá para enri-

---

[13] Christian David, *La bisexualité psychique* (Paris: Payot, 1992), p. 45.

quecer as relações entre os adultos, em vez de fixar-se em uma posição reativa definitiva, supostamente necessária para se escapar das muitas decepções e renúncias.

A moda e a infância: paradoxos

Do ponto de vista da moda, deixa-se ainda às crianças o tempo de elaborar esta experiência, feita de emoções, fantasias e lembranças visuais, que, na idade adulta, poderá se transformar em atração pela moda e desejo de entrar nesse jogo com o efêmero? A infância, como uma simples categoria, está atualmente interessada pelo *fashion*? E esse movimento que propõe as mesmas marcas e um visual muito semelhante desde a mais tenra infância até a idade adulta, fazendo desaparecer etapas, diferenças e imagens intermediárias, vai ter como resultado uma forma de uniformização inesperada? Essa é uma questão que podemos nos colocar a partir da leitura de um artigo de Véronique Lorelle, "O luxo entra nos pátios de recreação",[1] para quem, de acordo com a maneira como as crianças são vestidas,

---

[1] Véronique Lorelle, "Le luxe entre dans les cours de récréation", em *Le Monde en Ligne,* Paris, 5 de maio de 2007.

haveria dois tipos de mãe: aquelas que procuram roupas sobretudo alegres, confortáveis, fáceis de lavar e as que preferem as de marca. E, em particular, sua marca preferida no formato querubim. E elas formam um grupo numeroso... basta ver o número de grifes de luxo que se dedicam atualmente às crianças.[2]

Trata-se de uma simples extensão comercial dos territórios da moda ou, depois dos homens, as crianças tornar-se-iam novas "presas", ainda mais fáceis, visto que conhecemos sua sensibilidade para a novidade?

O luxo desde a infância: uma volta ao passado?

As crianças sempre foram envolvidas no movimento que associa as roupas ao poder social e aos sinais exteriores de reconhecimento: os belos vestidos das meninas burguesas eram muito diferentes das roupas das garotas pobres; os magníficos trajes das meninas eram réplicas, para as pequenas adultas em miniatura, dos suntuosos trajes de seus nobres pais. E quando Mallarmé propõe e descreve um vestido da última moda para a bela elegante,[3] em seguida, evoca com ênfase a roupa adequada para a filha dessa dama. O aparecimento do luxo nos pátios de recreação, ou em alguns deles (pois o número dos que usam Burberry Kids ou Miss Dior ainda é pequeno e fica evidente que muitas crianças estão vestidas com roupas que levam uma marca como ornamento), indicaria o

---

[2] *Ibidem.*
[3] "Para as meninas de 5 a 11 anos, toda a série de túnicas usadas pelas damas", Stéphane Mallarmé, *apud* Michel Draguet, *Mallarmé. Écrits sur l'art* (Paris: GF, 1998), p. 247.

retorno àquele movimento geral, após seu desaparecimento temporário, decorrente da ascensão dos ideais democráticos. A marca como uma porta de entrada para o luxo torna-se a preocupação não somente de algumas mães, mas também de numerosas crianças, e, nos meios desfavorecidos, ter um boné de marca ou uma mochila de grife torna-se também uma competição desde os anos escolares, a tal ponto que, às vezes, poderíamos falar de um novo uniforme ditado pela moda... Será o fato de ostentar uma marca desde a infância uma nova maneira de lidar com as diferenças sociais e que fará com que sejamos considerados como ricos, apesar de nossa vida cotidiana provar constantemente que não somos tão ricos ou estamos longe disso?

Assim, pais e filhos participam juntos deste movimento: ao mesmo tempo a imitação, o desejo de ser notado e a vontade de seduzir estão no âmago do apetite pela moda e pelas marcas, e é lógico que, por esses processos que elas não podem deixar de experimentar, as crianças desejam ter roupas como as dos adultos, roupas que representam seus poderes e sua sedução. Por exemplo, há alguns anos apenas, quantos meninos mal suportavam as calças curtas, impostas por sua condição de criança, e esperavam com impaciência a idade de ter o direito de usar calças compridas?

Se olharmos um pouco mais de perto, é do lado dos adultos que podemos observar hoje em dia uma mudança real: o desejo de parecer jovem a qualquer custo ocupa lugar central e a angústia diante do menor sinal de envelhecimento é tal que alguns atributos da juventude são valorizados ao extremo como portadores da novidade e de suas promessas. Trata-se não somente de permanecer jovem em meio aos jovens, mas também de permanecer jovem como os jovens, o que leva alguns adultos a invejar não somente os aspectos físicos da infância, mas, sobretudo, algumas de suas características psicológicas...

"Transferências narcisistas" dos adultos para as crianças

De quais atributos da juventude se trata? Além da pele lisa, da ausência de rugas e das capacidades físicas da infância, parece que a inveja diz respeito especialmente à ideia de que as crianças escapariam às regras que regem a vida dos adultos e não têm que ser confrontadas com os limites impostos pelo tempo e com a vida em sociedade que pesam opressivamente sobre seus pais. Essa atitude pode ser observada, por exemplo, nas preocupações de alguns adultos que acham que suas crianças têm um desejo excessivo por marcas estampadas sobre suas roupas, seus sapatos e, de maneira geral, sobre todos os seus acessórios. Ora, essa preocupação e esse espanto diante da amplitude do fenômeno e de seu custo financeiro podem surpreender, pois, finalmente, é bastante ingênuo pensar que as crianças permaneceriam insensíveis à moda enquanto veem que seus pais, os demais membros da família ou congêneres extraem disso um prazer evidente e que, com grande algazarra, os meios de comunicação fazem da aparência e da moda um elemento central da vida! Será que não existe nessa preocupação aparente dos adultos o reconhecimento da dificuldade de moderar esse processo, uma vez que eles mesmos se consideram crianças grandes, bem pouco capazes de impor limites àqueles que devem educar e que, no fundo, estão muito contentes que aqueles que eles se impõem sejam inexistentes à sua prole.

De fato, essa atitude (que se manifesta com frequência nas consultas a "especialistas" para saber o que é preciso fazer) é quase sempre resultado de uma transferência para as crianças de uma parte do narcisismo do qual os adultos padecem por terem tido que renunciar. Ao favorecer inconscientemente a megalomania e o narcisismo infantis, eles acreditam poder reparar o seu próprio narcisismo ferido. Por assim dizer, trata-se aí do prolongamento e da exacerbação do processo descrito por Freud:

> Se consideramos a atitude de pais afetuosos para com seus filhos, somos obrigados a reconhecer nela a revivescência e a reprodução de seu próprio narcisismo, por eles abandonado há muito tempo... Doença, morte, renúncia do prazer, restrições à sua própria vontade não valeriam para a criança, as leis da natureza como as da sociedade se deteriam diante dela, ela seria realmente de novo o centro e o coração da criação, vossa majestade o bebê, como se imaginava que fosse antigamente...[4]

Mas essa ilusão de acreditar que podemos manter além da tenra infância a megalomania infantil daqueles que, assim, "podem tudo se permitir e tudo conseguir", pelo único fato de que são muito jovens, tem um reverso maior: o avanço em direção à idade adulta não é mais valorizado; ao contrário, tornar-se adulto é colocado sob o signo da perda. Da mesma forma, quando os adultos deixam as meninas pequenas vestirem-se como mulheres, sob o pretexto errôneo de que,

---

[4] Sigmund Freud, "Pour introduire le narcissisme", em *La vie sexuelle* (Paris: PUF, 1989), p. 96. [Artigo escrito em 1914.]

para elas, o valor de sedução sexual é inexistente, é a mesma reviravolta curiosa que se opera. Mascarada por essa aparente permissividade complacente está a negação da sexualidade infantil atuante. E enquanto essa negação se coloca a serviço de pulsões exibicionistas narcisistas dos adultos, transferidas para as crianças, ao mesmo tempo, sob tal perspectiva, o estado adulto é vivido como perda progressiva e invencível da sedução própria da infância.

A moda e "a confusão das línguas" entre adultos e crianças

Por causa dessa atração inconsciente dos adultos pela onipotência dos desejos infantis, instala-se uma espécie de confusão de linguagem entre adultos e crianças.[5] Com efeito, o desejo de sedução próprio às crianças as impulsiona a crescer para serem capazes de seduzir como os adultos. Ora, se a esse desejo inconsciente, a resposta que é dada, também inconscientemente, é que, embora sendo crianças, elas são tão sedutoras como os adultos podem ser, até mesmo mais, o que sobra como projeto para o futuro? Nenhum ideal do Eu que poderia ser projetado diante de si mesmo e ser um motor para o crescimento pode se constituir. E, se a imagem não é suficientemente insatisfatória, se ela já é demasiado "perfeita" na opinião dos outros, nenhum percurso de elaboração se apresenta como necessário: a excitação domina em uma

---

[5] Em seu ensaio de 1932, "Confusion de langue entre les adultes et l'enfant", Sándor Ferenczi descreve como traumática uma mistura de registros: o adulto impõe à criança uma linguagem de paixão, de sexualidade que não pode ser elaborada pela criança, cuja linguagem está no registro da ternura.

espécie de confusão entre o futuro e o presente, período sem retrocesso e expectativa possíveis. Nesse presente imediato, essa proximidade muito grande torna-se um peso e um entrave para o funcionamento psíquico infantil.

Nos contos maravilhosos, as roupas são muito utilizadas para expressar as diferentes etapas que a criança deve atravessar para ter acesso à idade adulta: a história *Pele de asno*, de uma ironia saborosa, ilustra bem as implicações dessa etapa e as ameaças advindas dos desejos dos pais.

Quando estava à beira da morte, a mãe de uma bela princesa faz seu marido, o rei, prometer que só tomaria como nova esposa "uma princesa mais bela e mais perfeita que ela". Charles Perrault expressa isso com exatidão:

> Presume-se que a rainha, a quem não faltava amor próprio, havia exigido esse juramento por não acreditar que houvesse no mundo ninguém que pudesse igualá-la, e achava que essa era uma maneira de certificar-se de que o rei jamais se casaria novamente.

Mas o rei é de opinião que sua filha ultrapassa, e muito, sua mãe em beleza: "Sua juventude e o agradável frescor de sua bela pele arrebataram o rei...". Ao mesmo tempo que parece deplorar essa difícil situação – essa bela jovem, com uma mãe muito narcisista e que morreu muito cedo, luta contra os desejos incestuosos de seu pai, que não consegue reprimi-los –, a madrinha da jovem heroína, a fada Lilás, provoca, então, deliberadamente a aceleração dessa situação por meio de seus estranhos conselhos: para desencorajar seus avanços, a jovem princesa deverá fazer seu pai acreditar, por seus pedidos cada vez mais extravagantes, que ela se tornou uma espécie de *fashion victim*, abandonando imediatamente um vestido para pedir outro, acabando por exigir de seu pai o sacrifício do seu bem mais precioso: que matasse o asno, fonte de sua riqueza, cuja pele ela usará sobre os ombros... Curiosa ideia essa de pedir a um homem e receber dele roupas cada vez mais esplêndidas como um meio de afastar seu fascínio! O objetivo das peripécias do conto é mostrar ao mesmo tempo a força das pulsões incestuosas e as idas e vindas da sedução--abstenção que, ao encontrar de maneira bastante desviada a força da proibição – pois é a filha que deve ensinar ao pai –, permitem à heroína, no final do conto, encontrar, fora da família, um parceiro aceitável.

A trama incestuosa e sedutora que aparece em filigrana no conto *Pele de asno* parece hoje em dia ao mesmo tempo muito mais mascarada e aparente. Pois, por meio da "criança na moda", munida de uma forma de delegação de sedução precoce, o que é promovido é da ordem do sexual pré-genital, de um exibicionismo que não conheceu a proibição do incesto. Em luta contra seus sentimentos edipianos e os de seu pai, Pele de Asno vai buscar ajuda de uma mulher--fada adulta para convocar algo da ordem de uma barreira geracional e, para isso, mune-se de uma vestimenta bastante estranha, mas eficaz, pois permite-lhe fugir de casa, escondida sob uma pele de animal, para começar sua própria vida em outro lugar. Nos dias atuais, Pele de Asno arriscaria ser confrontada em seu desejo de sedução e lhe seria mais difícil abandonar a armadilha de seus trajes suntuosos. Certamente, ela não se casaria com seu pai, mas, ainda assim, teria dificuldade para encontrar outro homem. Quando o desejo de proximidade intergeracional domina, a partilha narcisista que resulta disso tem valor desigual para os dois, em razão da diferença de maturidade: a criança pode perder com isso boa parte de suas possibilidades de desenvolvimento psíquico.

Com efeito, o período que se segue à resolução do Édipo, o período de latência, é de investimento em direção ao exterior e de aprendizagens culturais. É um período essencial de dessexualização, que prepara e ajuda na passagem para a adolescência. Para que ela possa ocorrer, é preciso que as pulsões pré-genitais e genitais da criança sejam suficientemente recalcadas e sublimadas. Ora, se o exibicionismo da infância é muito solicitado pelo *voyeurismo* dos adultos, ele se mantém como uma espécie de óvni e é dessa forma, provavelmente, que ele abre o caminho para a predominância do visual-auto- -s*exy*, este *sexy* sem objeto presente, que leva o traço da sedução infantil pré-genital. A carapaça contra as futuras relações da vida sexual adulta, constituída para proteger-se das inúmeras estimulações durante a infância, assume, então, aparência enganosa: ela brilha pela aparente facilidade de gostar de mostrar-se, revelar-se, mas é justamente nesse seu aspecto *voyeur* que o olhar do outro é solicitado, muito mais que como tentativa de sedução erótica.

A principal consequência de tudo isto é que a infância não é mais considerada como um momento particular da vida, com seu tempo, seus desejos e suas preocupações, os adultos inscrevem o conjunto em um registro único para poder continuar a fazer parte dele. Outra consequência importante: a adolescência aparece, então, como o único perturbador dessa pretensa e bela unidade... E, por não poder apoiar-se sobre correntes suficientemente tranquilas, correntes ternas e dessexualizadas nas relações com os adultos, a pressão pulsional desse período vai ser, então, muito mais complexa para elaborar. Numa sequência evolutiva lógica, os jovens, ao fazerem escolhas no que se refere ao vestuário, que dizem respeito às escolhas identitárias temporárias (querer, por exemplo, um grande casaco preto como Neo[6] assim que cresce 15 centímetros), traduzem pela moda seu avanço no processo de autonomização. Muitas vezes, essa passagem se dará pelo conjunto de objetos de marca que lhes é reservado, espécie de uniforme adolescente pronto para ser vestido, e que assinala a sua inclusão em um grupo diferente do familiar. Para que isso possa acontecer de maneira serena, é necessário que os adultos aceitem ser aqueles que encarnam momentaneamente aquilo que está ultrapassado, "*has been*", "*out*". Como uma jovem paciente me dizia, com uma ponta de satisfação na voz, a propósito de sua mãe, que, quando criança, ela considerava uma mulher muito na moda: "Foi assim que eu me dei conta de que minha mãe era '*out*': quando percebi a mistura de cores, o que não estava nada na moda!". Graças a essa aceitação dos adultos que devem "sobreviver"[7] aos ataques dos adolescentes, um desprendimento progressivo pode, então, ocorrer. Do ponto de vista da moda, quando essa evolução não se produz mais, as diferenças de gerações tornam-se simples diferenças de formato: formato pequeno para uns, formato grande para outros e, comercialmente falando, a criança torna-se "o alvo do tamanho pequeno"...

---

[6] Neo é o herói do filme *Matrix*, que se veste com um longo casaco de couro preto.

[7] "Se considerarmos o conjunto fantasioso inconsciente da puberdade e da adolescência, nele vamos encontrar a morte de alguém." D. W. Winnicott, *Jeu et réalité*, Coleção Folio (Paris: Gallimard, 2002), p. 200. [1ª ed. 1971.]

A "adultização" dos pequenos a serviço do infantilismo dos grandes

O caminho da identificação perturbado por essa uniformização significa que o caminho da imitação leva vantagem, pois os adultos não querem mais diferenciar suficientemente as gerações e não assumem seu papel nesse processo de maturação. Como imitação em miniatura dos adultos, a criança pode, então, em uma espécie de "fusão-confusão", estampar de modo simbólico as novas figuras de publicidade, como o faria um adulto esclarecido e capaz de escolher, pode até mesmo recriar elementos de sua vida cotidiana. Foi assim que lemos em um *site* de moda para criança[8] na seção "Bebês": "Para pequerruchos na vanguarda: tecidos felpudos e delicados... estamos longe das cores tradicionais para enxoval de bebê! Os pequeninos *criam para si* um guarda-roupa suave, o que dá vontade de mimá-los ainda mais".

No suplemento Spécial Kids, do *Petit Officiel*, o artigo intitulado "A escolha de Victoire"[9] segue na mesma direção. A página é destinada a promover diferentes marcas de produtos de banho para bebês e crianças: no centro, uma fotografia de Victoire, uma linda menininha de 2 anos, que nos explica que "todos os produtos que aparecem naquela página foram testados e aprovados por Victoire, desde seu nascimento". Seria, então, com base nas escolhas e nos testes que faz uma menininha desde o seu nascimento que compraríamos tais produtos? Se o propósito pode parecer inocente, o que é utilizado como

---

[8] Disponível em http://www.littlefashiongallery.com/fr.
[9] Suplemento Spécial Kids, em *Petit Officiel*, nº 903, março de 2006, p. 48.

argumento por essa figura de linguagem publicitária ilustra, no entanto, o que está em jogo: não é dito que a mãe dessa menininha acha que a pequena parece apreciar tal ou tal produto, é Victoire explicitamente que, desde o nascimento, se expressa para orientar as compras de seus pais, ao mesmo tempo que, pela mesma figura de estilo publicitário, se torna puro objeto de *marketing*, encarregada, em decorrência de seu rostinho bonito e de seu prenome glorioso, de despertar a vontade de comprar tal produto em vez de outro. Ninguém é vítima de logro, mas insensivelmente tal ideia cria seu próprio caminho: a criança, rainha onipotente, não seria, apesar dessa aparência, nada mais que um objeto de luxo sedutor. E insensivelmente também, dentro desse gênero de imagens de publicidade, ela torna-se uma espécie de objeto parcial narcisista dos adultos, uma representação em miniatura dos desejos dos grandes.

No final das contas, mesmo nesse caso, apesar da aparente valorização, nós temos como resultado uma negação da especificidade e da dependência da infância.

Da mesma forma, uma publicidade de roupas para crianças do estilista Giorgio Armani, destinada à Espanha, ilustra bem essa negação, em que, apesar da exibição de imagens de valor estético incontestável, não deixa de desqualificar a condição de criança: duas meninas de apenas 10 anos (uma delas uma pequena asiática), com os lábios pintados, aparecem de *shorts* e biquíni. Essa publicidade suscitou protestos do responsável espanhol pela defesa de menores, dizendo que ela poderia incitar ao turismo sexual.[10] Sob o pretexto de criar linhas de roupas cada vez mais atraentes para os mais jovens,

---

[10] Sylvie Chayette, "Le diable ne s'habille plus en Prada", em *Défilés parisiens*, 12 de março de 2007, disponível em http://mode.blog.lemonde.fr/2007/03/.

parece que nossos publicitários de moda, como a nossa sociedade, fazem uso de uma curiosa negação relativa à atração que as crianças exercem como objetos de sedução, de prazer para os olhos: eles fazem de conta que essa sedução é insignificante, ao mesmo tempo que manipulam as intenções de uma maneira até então inédita... Tratadas por essas publicidades como adultos com direitos próprios, no que se refere às tendências de vestuário e, até mesmo, poder de sedução, as crianças encontram-se, apesar dessa aparente escolha, singularmente pouco cuidadas no que diz respeito às suas necessidades de serem protegidas da força sedutora de sua imagem... E, mesmo sem chegar a evocar a questão do turismo sexual, não estamos nos esquecendo depressa demais de que a maior parte das violências sexuais ocorre no interior das famílias?

Considerando os aspectos que essa atração pela juventude tende a tomar atualmente, o que se refere ao respeito pelo menor e o mais frágil passa cada vez mais para segundo plano e pode até mesmo desaparecer.

O universal "culto da juventude"

Ser adulto, na atualidade, tornou-se tão difícil que devemos investir em tudo que é infantil e jovem de maneira extrema? É em todo caso o que parece pensar France Borel: "Se as culturas praticam a gerontocracia, a noção de beleza permanece avessa à juventude e contra tudo que é associado ao fato de permanecer jovem. Nosso século traz a confirmação ruidosa e ameaçadora disso".[11]

---

[11] F. Borel, *Le vêtement incarné*, Coleção Agora (Paris: Calmann-Lévy, 1992), p. 30.

Com efeito, tudo se passa como se a idade adulta só fosse encarada, atualmente, sob o ponto de vista de responsabilidades extenuantes, de perda de dinamismo, e do envelhecimento, como se suas prerrogativas e seus prazeres estivessem em vias de desaparecimento. Assim, a moda alimenta a juventude, até chegar ao ponto de um certo culto à juventude, o que leva algumas mulheres e alguns homens a querer parecerem adolescentes e até mesmo crianças. No campo do vestuário, além do *cosplay*, praticado bastante recentemente por alguns pós-adolescentes japoneses,[12] provavelmente seguindo a brecha aberta pelo movimento *punk*[13] e seu visual chocante nos anos 1970, é que a moda se voltou amplamente para a juventude, associada a novas formas de liberdade no tratamento do corpo e da aparência em geral.

Com o *grunge*,[14] a ideia de liberdade de movimento resvala na *liberdade* da provocação infantil e para a *liberdade* do deixar acontecer: estar vestido como uma "pobre criança imunda", no estilo "pintura ou grude nos cabelos, roupas velhas e amarrotadas, no limite, como se encontradas nos cestos de lixo, roupas rasgadas e disparatadas", parece, às vezes, ser o último grito. Atualmente, restauradas pelos estilistas e pelos

---

[12] *Cosplay*: tipo de moda muito particular, diretamente estabelecido sobre o virtual e os conjuntos de objetos dos heróis de mangás (personagens de histórias em quadrinhos e desenho animado japonês), que os adeptos usam para serem fotografados.
[13] *Punk*: movimento de contestação que surgiu nos anos 1970, colocado em cena por grupos americanos de música. Ele tem um visual provocador, arrasador, que muda e se recria, utilizando-se de elementos excêntricos, com frequência ligados à pobreza, acentuando o insignificante.
[14] *Grunge*: significa crostas sob os artelhos não lavados ou pés atacados por micoses; a palavra aparece depois dos *punks* nos anos 1980. O grupo musical Nirvana é o símbolo deles.

viciados em fashion, essas roupas sabiamente rasgadas, com um visual *grunge* chique (*sic!*), carregam o traço do protesto infantil contra o recalcamento da orientação anal de pulsões sexuais e do protesto da adolescência, uma boemia à Rimbaud, ou de uma conduta que fica a meio caminho entre a revolução e o niilismo. Essa invasão da moda nos territórios da adolescência e da infância não induz os jovens, por reação, a regredir a estados ainda mais precoces? O que explicaria o gosto pelos *jeans* folgados, tão largos – que eles usam sem cinto, com a cueca aparecendo – que poderiam facilmente conter uma fralda.

E talvez ainda isso se deva ao fato de que essa moda ostenta mais diretamente no domínio da sexualidade a melhor expressão dessa ilusão de retorno à infância. Eis que aparecem os *sex-toys* (brinquedos sexuais), cujo aspecto glamouroso foi promovido por Sonia Rykiel: os novos vibradores e outros acessórios sexuais tornaram-se completamente semelhantes a brinquedos. Podemos, aliás, encontrar alguns *sex-toys* vendidos em distribuidores "que se parecem com máquinas, encontradas nas galerias, que expelem maciçamente e comercializam dispositivos mecânicos ou eletrônicos de má qualidade, por 1 euro, destinados às crianças", observa a jornalista Florence Amalou.[15] Nesse contexto, os traços da sexualidade infantil, que estavam integrados às preliminares da relação sexual adulta, tendem a tornar-se a diversão de todos, o que é favorecido pela aparência exterior, que reproduz exatamente o brinquedo de criança no *sex-toy*. Assim, o pequeno pato

---

[15] Florence Amalou, "Des sex-toys distribués comme des friandises", em *Le Monde*, Paris, 7 de dezembro de 2007.

amarelo que se coloca na banheira do bebê pode também se converter em *godemiché* para a menina grande (chega-se até mesmo a se certificar de que seja impermeável para que possa ser usado na banheira [sic]). A masturbação torna-se o protótipo da sexualidade "jovem" e sem complexos, a relação sexual "clássica" vira objeto de tédio e lassidão. O território da infância não é mais abandonado, nós o estendemos, e o invadimos... E não é mais o início da vida sexual e amorosa da adolescência que é invejada nesse novo ideal de juventude da moda, mas o de uma infância que teria escapado a qualquer forma de recalcamento e que poderia estender sem limites o seu registro pulsional.

O que ativa essas nostalgias, essas fusões que produzem e ampliam o gosto do "idêntico", é que, mais profundamente, a infância e a juventude tornam atuais o nosso desejo de sermos jovens, de sermos aqueles sobre os quais pousará um novo olhar, olhar ao qual atribuímos, mais ou menos conscientemente, o nosso sentimento de existir. Mas estamos dispostos a sacrificar tudo apenas para atrair o olhar que tivemos sobre nós ao nascermos?

Fashion victims

A jovem encantadora que vejo acomodar-se neste bonde é uma *fashion victim*, ou vítima da moda? No momento, ela usa absolutamente tudo o que define a tendência do verão de 2007: desde a faixa larga nos cabelos até as sandálias espartanas, passando pela calça justa até a metade da barriga da perna e o cinto preto em vinil verniz, que será o acessório indispensável da moda no próximo inverno, ela é perfeita, todos a notam, ela tem o visual! Eu imagino naturalmente Sophie e Personna Grata vestidas dessa maneira: em seus *blogs*, essas jovens fazem de sua condição de *fashion victims* uma identidade preciosa:

> Eu acompanho diretamente os desfiles dos estilistas para ser a primeira a ser atendida e, às vezes, até compro sem avaliar o custo, até mesmo sem experimentar... Eu não espero mais que a moda decole, eu quero tudo,

imediatamente, antes de todo mundo. Eu sou uma *fashion victim*[1]

ou "sou uma *viciada em fashion*, uma vítima que está em sintonia com as marcas mais avançadas...".[2]

Sobressair-se do grupo, custe o que custar

Perceber as tendências da moda logo no início e usá-las de uma forma extrema e sistemática, essa é a linha de conduta das *fashion victims*. Mesmo se o aspecto de coação para ir correndo às lojas para comprar as roupas mais modernas pareça dominante, "ser a primeira e a mais notada" parece bem ser o verdadeiro motor desse movimento imperioso em que se investe favoravelmente.

Será que nesse caso também é para lutar contra o risco de se sentir clone, de ser apenas uma réplica, que as *fashion victims* ficam tão ansiosas para conhecer as novidades?

Um dos aspectos do perigo de se sentir um clone torna-se mais preciso: de quem, "a primeira e mais notada", elas arriscam a ser as réplicas? Qual forma de anulação delas mesmas as ameaça? Como vimos anteriormente, mesmo quando se encontra diluída dentro de uma globalização indiferenciada (os outros..., todo mundo...), uma rivalidade subjacente sempre acompanha o movimento. Concretamente, o risco experimentado é o de não ser mais distinguida no meio da totalidade, de não se destacar mais no grupo de pessoas e, por isso, não valer nada.

---

[1] *Blog* de Sophie, disponível em http://www.ctoutmoi.com/savoir/fashion_victim.htm.
[2] Personna Grata, disponível em kitty fraise, 8 de dezembro de 2006.

O movimento masoquista é evidente no termo *fashion victim*, prazer consciente de sofrer uma agressão de natureza complexa. Mesmo quando considerado com um certo humor por aquelas que aplicam o termo a si mesmas – o "sim, eu sou uma e eu gosto disso", que indica, provavelmente, o sentimento de dominar o processo em benefício próprio –, as significações precisas são menos positivas para aqueles que se interessam por esse fenômeno, fazendo com que o masoquismo deixe transparecer aspectos mortíferos. Para a maior parte dos observadores, com efeito, as *fashion victims* são pessoas que não têm discernimento e cujo comportamento se aproxima do vício e da caricatura. A maioria dos comentários associa a elas um sentimento de inferioridade e de falta de valor, e alguns "apontam" mesmo que, por sua fragilidade identitária, as *fashion victims* não são mais que "mulheres ostentadoras de marcas", equivalente atual dos antigos *walking bilboards*, os "homens-sanduíche" que, antigamente, eram pagos para percorrer a passos largos as ruas das cidades americanas carregando anúncios publicitários nas costas...

De fato, é muito difícil definir uma *fashion victim*,[3] pois é preciso considerar que não é apenas o vínculo entre o valor pessoal e a aparência visual que se torna tão preponderante, o que há de mais novo deve ser ostentado sem o menor atraso, mas também que se trata de uma atitude decorrente de uma pressão, que obriga o indivíduo a repetir, sem descanso, essa

---

[3] O termo *fashion victim* foi inventado pelo costureiro Oscar de la Renta. De acordo com John Fairchild, foi ao olhar em torno de si, quando estava sentado no Clube La Caravelle, que ele exclamou: "Para essas pessoas é o inferno absoluto, elas parecem ser vítimas da moda", em Nicholas Coleridge, *The Fashion Conspiracy* (Londres: Harper Collins, 1988), p. 71.

espécie de atualização permanente. Acrescentemos a isso que essa substituição acelerada de uma novidade por outra multiplica os gastos e acaba por custar muito caro, como sublinha a canção de Lorie:

> É *sempre* necessário ter o *jeans* bem feito
> Aquele que veste bem, Ter buracos é conveniente
> *Pagamos o máximo por ele* e isto é "*in*".
> Quando somos uma *fashion victim*.[4]

Se provavelmente existem diferentes formas de "vício" em relação à moda, admite-se, em geral, que as *fashion victims*, ao mesmo tempo que investem o máximo de dinheiro e de tempo para se manter na última moda, não hesitam em mudar brutal e completamente de visual, abandonando muito depressa o que elas acabaram de pagar tão caro. É, aliás, essa mudança muito frequente de visual (e da personalidade que combina com ele), ao sabor das diferentes estações, que, segundo o costureiro Giorgio Armani, definiria, propriamente falando, a *fashion victim*.[5] Vemos assim jovens mulheres passar sucessivamente pelos diferentes desfiles de moda, do visual "*grunge*" ao *bcbg*, do *bling-bling* ao estilo *bobo-hippie* dos anos 1970... Mas as *fashion victims* são também aquelas (ou aqueles) que não aceitam nenhum limite ao investir na aparência e imaginam que atrairão todos os olhares e suscitarão uma admiração à altura do preço que pagaram por suas roupas.

---

[4] "*Fashion victim*" é a sexta faixa do álbum da cantora Lorie, *Rester la même*, lançado em 2005.
[5] Giorgio Armani: "Quando uma mulher muda o seu visual com muita frequência, a cada estação, ela se torna uma *fashion victim*." (Wikipedia.)

O vício "moda", uma "*cronopatia*"*

A doença da *fashion victim* seria de certa maneira uma doença do excesso, que o universo da moda faz frutificar sem cessar: excesso de submissão às tendências e às marcas, excesso de dinheiro gasto, excesso de dependência em relação ao olhar dos outros, excesso de energia consumida para manter tal ritmo nas diferentes mudanças de suas "placas de identidades temporárias". No entanto, as pessoas "contaminadas" por essa doença, na verdade, raramente se queixam desse estado, e permanecem preferivelmente no registro de triunfo! Quando elas conseguem ter o conjunto de objetos das marcas que estão na moda e o visual que é preciso ter, ficam felizes. Mesmo se tal felicidade tenha curta duração... Porque o excepcional obtido dessa maneira tem vida curta, e é preciso sem cessar tornar a pôr-se em busca da última novidade. É preciso ter esse acessório ou aquela aparência, e isso antes de todo mundo, portanto, "imediatamente", como diz Sophie em seu *blog*, e também estar pronta para mudar tudo rapidamente, antes que muitas outras pessoas acabem por fazê-lo também. Nesse sentido, pode-se dizer que o fato de ser "dependente" da moda dessa maneira é uma espécie de "*cronopatia*", uma "doença" associada ao tempo.

Com efeito, podemos interpretar o "circuito" que consiste em ter compreendido a tendência em primeiro lugar, em ser a mais "nova" nessa maneira de se vestir, permanecendo, ao mesmo tempo, à espreita da próxima tendência da moda, como a expressão de uma certa insatisfação quanto à sua pró-

---

* Doença que afeta perigosamente o sentido do tempo: o "*cronopata*" permanece no passado ou no futuro e preocupa-se excessivamente com isso. (N. T.)

pria imagem, que, de maneira repetida, precisa ser modificada segundo o espírito da época. Trata-se de um circuito psíquico bastante curto, em que não há o menor espaço para a imaginação pessoal, em que a questão do novo, que é preciso dominar antes de todo mundo, aparece como tema central. O que se controla é a mudança: a *fashion victim* a fareja, a domina assim que ela ocorre, usando-a em proveito próprio para ostentar sobre si o que parece torná-la o mais notável possível. Eis aí, de certa maneira, uma hiperativa da moda que, para controlar as mudanças, se sente obrigada a segui-la de perto... Por que tal atitude compulsiva? Por que esta luta estranha contra o tempo que passa provoca nessas pessoas a obrigação de mudar sua imagem de maneira bastante brutal e, na verdade, estragá-la? Sob essas aparências agradáveis e superficiais, uma espécie de autoagressão predomina, manifestada pelo abandono de uma estética pessoal, do gosto por uma aparência mais singular, e o prazer de vestir-se segundo seu próprio estilo parece não ter nenhum direito de se expressar.

A moda, um dos fenômenos transicionais da adolescência

Algumas das mudanças mais importantes da aparência, no caso aquelas provocadas pela puberdade, que transformam o corpo da infância em corpo adulto, não podem ser controladas. Totalmente independentes da vontade, elas podem ser vivenciadas como uma forma de ataque contra a imagem precedente que se tinha de si mesmo e provocar inquietações mais ou menos conscientes nos adolescentes confrontados dessa maneira com um "antes-depois" definitivo. Antes: um corpo de criança; depois: um corpo de adulto, com aspectos associados aos caracteres sexuais "que alteraram tudo". Mesmo a anoréxica, que luta contra suas formas femininas, nem por isso recupera seu corpo de criança. E, como ressalta Pierre Marty,[6] essas transformações do corpo são acompanhadas por uma transformação na organização psíquica.

Ora, se todos os seres humanos são confrontados com tais mudanças, alguns têm uma história psíquica que torna essas mudanças definitivas mais difíceis de serem transacionadas. Imprevisível, o futuro psicossexual desperta neles temores antigos. Habitualmente os "objetos parentais" são progressivamente desinvestidos para dar lugar aos primeiros amores, às amizades apaixonadas, a outros "objetos" exteriores à família. Mas, durante a adolescência, que permite a aquisição dessa nova distância, esses temores são momentaneamente reativados sob seu aspecto erótico. As transformações corporais e a rivalidade edipiana (aquela que faz com que a criança sinta ciúmes do genitor do mesmo sexo e se enamore do genitor de sexo oposto, segundo a formulação clássica) toma, então, uma aparência mais concreta, pois agora são corpos de adultos que estão presentes. Esse choque das transformações da puberdade pode, portanto, transacionar por um período transitório mais ou menos longo, em que o deslocamento para a novidade se torna indispensável, e constituiria uma espécie de período de aclimatação à fase da idade adulta, na qual é preciso renunciar ao mesmo tempo ao corpo da infância e às

---

[6] Pierre Marty, "Potentialités perverses à l'adolescence", em *Revue Cliniques Méditerranéennes*, nº 63, Liège, 2001, pp. 263-279, mais particularmente p. 275.

representações fantasiosas às quais a criança se agarrava, e à intensidade dos vínculos particulares em torno dos vestuários e da ação de vestir-se na relação das crianças com sua mãe. Vínculos em que o toque e os olhares contam muito. Assim, uma menininha que sentia que sua mãe a achava soberba no seu vestido plissado deve paulatinamente aceitar que não seja mais o olhar de seus pais o sinal de referência dominante da sua relação com os outros. Toda uma linguagem corporal e relativa ao vestuário deve progressivamente ser desinvestida para que outros olhares e outras relações substituam os de seus pais.

Durante a adolescência, esse processo de separação progressiva, mais ou menos atenuada, manifesta-se sob a forma de idas e vindas, de rupturas relativas ao vestuário, em que o adolescente passa, por exemplo, do pulôver que disfarça ao uso de camisetas aderentes ao corpo, ou dos *jeans* largos aos justos, e pode se orientar em direção ao estabelecimento de um elo lúdico com a moda. No melhor dos casos, a lembrança das relações da infância e as transições progressivas que foram necessárias para se chegar à idade adulta induzem à sublimação. Elas podem, então, participar de um processo de "cocriação" de si, em que a ajuda para essa nova busca pessoal está no encontro com "os estilistas". Assim, os estilistas e as marcas funcionam como contribuições transitórias no sentido dado por Winnicott,[7] ilustradas, por exemplo, com o

---

[7] Segundo Winnicott, um objeto transicional é, para a criança pequena, um objeto "criado e concomitantemente encontrado", ao mesmo tempo "eu" e "não eu", que lhe permite experienciar um espaço particular de proximidade entre ela e sua mãe (objeto agradável ao toque, impregnado do odor maternal, etc.). Essa zona intermediária cria, assim, entre o eu e os objetos

jogo da espátula: deixamos uma espátula brilhante ao lado de uma criança, a criança, atraída, pega o objeto, olhando para ver se sua mãe está de acordo, e depois a joga no chão. Para que a espátula possa servir de ligação e de motor para um espaço psíquico de transição entre a criança e sua mãe, local de criação pessoal, apoiado sobre o espaço que a mãe permite que a criança o adquira, o adulto deve restituí-la à criança. Se transpusermos esse cenário, as roupas da moda poderiam assumir um novo valor, ao mesmo tempo em que permanecem mensageiras de recordações passadas: não é mais o olhar da mãe que brilha que é evocado quando ela veste seu filho (para retomar o que dizia René Roussillon),[8] mas é a própria roupa do momento. Assim, a roupa torna-se uma forma de criação entre, por um lado, o olhar da mãe, o vínculo com ela e as antigas roupas, e por outro, o investimento psíquico atual em si, que pode passar pelo espaço da cultura do momento e, dessa forma, se enriquecer.

Quando o jogo da moda perde sua capacidade transicional

Mas às vezes essas mudanças induzem antes de tudo a um sentimento de perda. A relação com o si mesmo anterior e os pais de antes parece perdida e, diante dos afetos receosos dessa perda incontrolável, um retorno ao funcionamento antigo de idealização é tentado para contornar o obstáculo. Ao

---

externos, esse *"espaço potencial"*, que permanece ativo ao longo da vida, no jogo, nas fantasias e na vida cultural.

[8] René Roussillon, *Logiques et archéologiques du cadre psychanalytique* (Paris: PUF, 2007).

lado do funcionamento anoréxico, por exemplo, que idealiza o "corpo aparentemente não sexuado", o funcionamento compulsivo em torno do visual teria como meta significar que nada no outro mudou, a não ser isto, mas que está sob controle, e que as pulsões parciais pré-genitais (a pulsão anal de domínio, a pulsão escópica, que se manifesta pelo exibicionismo e o *voyeurismo*) são, ainda, prevalecentes, tais como, as pulsões libidinais. Sob tal perspectiva, a atitude das *fashion victims* poderia ser compreendida como uma maneira de dominar "apesar de e a qualquer custo" a mudança, pegá-la logo no início e não se deixar surpreender por ela, por meio do superinvestimento na libido narcisista e idealização da aparência. Essa idealização permite compreender porque o *sexy* aqui é particularmente "auto" e "visual": a exibição da aparência, "controlada" e alimentada por um olhar exterior, permite provocar uma "autossatisfação", associada à admiração experimentada pelo antigo corpo infantil, que permaneceu sob controle apesar das "ameaças" decorrentes da chegada do corpo genital. Em relação a isso, o visual-auto-s*exy* provoca um curto-circuito do objeto exterior, que vale muito mais por esse olhar e pela segurança narcisista que ele permite, que não constitui a primeira etapa de um caminho de sedução em torno dele para criar um laço amoroso, por exemplo.

Os acessórios e o vestuário perdem sua capacidade transicional e a moda não participa mais verdadeiramente do jogo, mas se torna o instrumento de oposição radical ao inexorável das transformações dos órgãos genitais e das separações que ela pressupõe. Quando a negação da separação consiste em afirmar que nada falta que não possa ser possuído, os acessórios e as roupas em relação ao dinheiro são superinvestimentos e encarregados de expressar, custe o que custar, que não há perda. A compulsão instala-se, porque aquilo que é perdido o é de fato, e o acessório traz apenas uma solução muito temporária. Esse ir e vir seria a representação desse verdadeiro trabalho de Sísifo.

Aliás, a moda compreendeu bem isso, e é provável que o preço elevado e a organização de uma penúria imaginária em torno da disponibilidade do acessório procurado contribuam para aumentar o sentimento de inacessibilidade, que mantém o processo no registro da necessidade e da falta, no caso extremo potencialmente reparável. Com efeito, seja por sua ausência, seja por seu preço inabordável, o objeto inacessível é uma promessa de nirvana. "Inacessível" para os outros, ele torna-se, para a *fashion victim,* que o consegue primeiro, um objeto que toma o aspecto de um fetiche (um objeto concreto que nega a mudança) no registro de dominação temporária. A marca torna-se fetiche, e, aquele que se rende como vítima, passa para o registro do masoquismo mortífero.

As *Confissões de uma dependente de shopping,* de Sophie Kinsella, ilustra bem isso.[9] Becky é uma jovem jornalista de uma revista financeira e leva uma vida muito acanhada e solitária. Sua profissão e sua vida pessoal não apresentam para ela nenhum atrativo, seu único prazer parece ser comprar roupas e produtos de marca muito caros e de maneira completamente irrefletida. Ela conhece um homem brilhante de negócios e, depois de muitas peripécias, especialmente centradas em suas relações com a própria conta bancária, a jovem acaba

---

[9] Sophie Kinsella, *Confessions d'une accro du shopping,* trad. Isabelle Vassart (Paris: Pocket, 2004).

por perceber que ele lhe agrada (não imaginamos como um homem menos rico e menos bem-sucedido poderia ter a mesma chance, o que nos deixa perplexa sobre esse tipo de encontro) e permite ser abordada. Esse pequeno conto atual sobre as desventuras de uma jovem perdulária quando se trata de marcas e produtos de luxo principia e termina com informações sobre o seu saldo devedor: aos imperativos da necessidade de uma roupa de tal ou tal marca corresponde imediatamente um preço e suas consequências em termos de perda financeira.

Ao acompanhar a história dessa heroína, podemos observar distintamente uma forma de funcionamento de autoerotismo precário: Becky representa sozinha uma diversão consigo mesma; a satisfação que ela usufrui de sua relação com os cartões de crédito e os artigos da moda que consegue comprar com eles é, de fato, muito limitada e de acordo com um registro arcaico da pulsão sexual anal – o único indício é o estado de suas finanças, que só funciona como último recurso e como limite, imediatamente antes da interdição bancária. Diante dela, nenhum interlocutor: a realidade é considerada triste e medíocre, sua própria história banal, seus pais, apresentados no início do romance, ridículos e sem interesse. É talvez para reencontrar a megalomania infantil – ela grandiosa e os pais também – que ela age assim, na tentativa de satisfazer seu desejo de prestígio: sua atitude diante do *shopping* e das marcas entra no registro de uma espécie de apelo à mitomania, uma espécie de romance familiar inteiramente construído (ela inventa, por exemplo, uma tia rica e cheia de prestígio), em que as numerosas mentiras que ela conta são cada vez mais difíceis de sustentar, pois tornaram-se imperativos para um si mesmo grandioso, que a realidade não consegue satisfazer jamais.

Nessas configurações, em que adquirir as potencialidades da idade adulta é vivenciado sem interesse e, se transfere para a aparência o papel de conservar a megalomania infantil, o corpo terá a responsabilidade, durante todas as etapas da vida (sendo que todas comportam perdas), de assumir uma posição de negação da mudança. Essa posição insustentável será "mantida haja o que houver" pela moda que, graças à sua organização particular do tempo, "cuida", mas não cura, da *"cronopatia"* relativa ao vestuário. Ser a primeira, nova e a mais *fashion,* torna-se regularmente possível por meio da moda, mas essa "terapia" mostra seu limite pelo fato de que deve ser constantemente renovada.

A rivalidade com a imagem de uma mãe arcaica idealizada

Depois de uma primeira entrevista por ela solicitada, tendo em vista seu desejo de fazer psicanálise, a senhorita Laurence L. declara que nem pensa em destinar somas significativas para o tratamento, pois precisa desse dinheiro para comprar roupas: essa é a sua prioridade; ela não quer ser limitada em seu apetite por "roupas" da moda; sentir-se muito bem-vestida é um imperativo para ela.

Essa mulher jovem e bonita quer começar uma análise, pois sente-se incapaz de assumir sua própria vida. Ela acaba de terminar seus estudos superiores e deve procurar seu primeiro emprego, mas isso a mergulha em um estado depressivo assustador. Porém, diante de outro compromisso e colocada frente a frente com a realidade material que tal atitude representa (o que é também a expressão oral "do aqui e agora" de suas dificuldades em assumir o que a realidade da vida adulta parece lhe representar), ela esboça um movimento de recuo que, de imediato, é organizado como um registro de transferência. "Este dinheiro", do qual ela fala, já é designado como se sua analista fosse tirá-lo dela, e, neste momento do início do nosso trabalho, eu represento aos seus olhos aquela que – ao lhe tirar muito – não lhe permitiria mais se sentir suficientemente na moda para rivalizar com a analista no mundo dos adultos. Não me dirá ela um pouco mais tarde, com certo humor, que quando adolescente, às vezes, se sentia como "a Cinderela que era impedida de ir ao baile"?

Por sua maneira de relacionar dinheiro, vestuário e rivalidade com outra mulher, Laurence ilustra muito bem um dos aspectos que, às vezes, assume seu interesse pela moda. Ao transferir temporariamente para sua analista o papel de uma mulher que hipoteticamente deve ajudá-la, mas que, ao mesmo tempo, representa também aquela que tira o seu dinheiro para impedi-la de comprar os belos adornos que lhe permitiriam rivalizar com ela, Laurence coloca-se efetivamente na situação de uma Cinderela maltratada por uma madrasta ciumenta, que a impede de aparecer com toda a novidade da sua juventude e de estar em condições de seduzir um belo príncipe. Ao mesmo tempo, entretanto, ela espera que eu seja a fada que irá ajudá-la, fornecendo-lhe todos os meios disponíveis para aceder à sua própria feminilidade e ao seu poder de sedução.

Como conto de passagem da infância para a feminilidade adulta, *Cinderela* é a história de uma jovem que surge das cinzas e do trabalho sujo, dito de outra maneira, do apego às pulsões anais – "qual criança nunca sonhou, segundo o desejo mais caro ao seu coração, em rolar comprazendo-se no pó e na lama...?",[10] segundo Bettelheim – para tornar-se "a mais bela para ir ao baile" e seduzir o príncipe encantado. Para se distinguir de todas as pretendentes, essa jovem deve estabelecer uma negociação controlada e secreta com uma fada que lhe fornece roupas e acessórios, mas lhe retira tudo, se ela não lhe obedecer cegamente (e eis a Cinderela que passa da carruagem para a abóbora...). As conversas entre Cinderela e a fada não são limitadas à relação dual, estão voltadas para o futuro e orientadas para um objeto exterior: permitir que a moça seduza o príncipe. E, quando ela verdadeiramente seduz o futuro rei e sabe ser a primeira no coração do jovem, não necessita mais da magia maternal... Nessa situação típica, desejar ser a novidade que assume a primeira posição corresponde ao temor edipiano de jamais ser a primeira, a rival que ganha, diante de uma mãe imaginária, que permanece idealizada, em lugar de ocupar seu lugar na realidade.

Muitos "blogueiros", não necessariamente *fashion victims*, evocam dessa maneira a mãe, em particular no que concerne ao "*vintage*":[11] "Eu, eu tive uma sorte danada: minha mãe

---

[10] B. Bettelheim, *Psychanalyse des contes de fées* (Paris, Pocket, 1999), p. 373.
[11] Este anglicismo que serve para designar os milésimos em enologia, é aplicado à moda desde 1990. Segundo *Le dictionnaire international de la mode*, "o termo *vintage* acabou por designar todo um jogo de aparências, utilizando vestuários antigos, desde a mistura de roupas velhas e amarrotadas até as novas usadas no cotidiano e ainda as peças de roupas excepcionais".

teve a boa ideia de guardar alguns *tops* e vestidos floridos 'de época' esplendidamente extraordinários. O único problema é que eu os herdei depois da minha primeira gravidez e não consigo entrar dentro deles... ARGHHHHHH!!!".[12] Às vezes, a fada não consegue "largar" a Cinderela ou a Cinderela sente muitas saudades dos momentos passados com a fada, que representa uma personagem maternal idealizada e possessiva. Ser a primeira e querer permanecer assim significa, então, estar em um registro de dependência recíproca na relação com a mãe da qual se trata de conservar, mais que tudo, esse olhar intenso e privilegiado que uma mãe pousa sobre sua filhinha. Assim, manter um laço compulsivo com a moda seria uma maneira de permanecer nesse clima "de anterioridade". Sem objeto exterior no horizonte, sem um terceiro masculino protetor, a mulher rival assume todo o espaço no imaginário da filha. Segundo o psicanalista Michel Oliva "[...] acredita-se que o desafio da vida das mulheres ocorre entre elas e a mãe, os homens só participam do jogo porque a mãe não quis saber delas...".[13] Como esse autor sugere, um pai, por exemplo, em um impulso de ternura e sem impaciência, poderia, então, ajudar sua filha a sair desse impasse:

> É este homem que, por meio de uma palavra, pode tirá-la das devastações do imaginário: "Eu gosto bastante dos teus cabelos pretos sobre o seu pulôver vermelho", ele pode dizer, por exemplo. Um elogio sobre sua escolha e, sobretudo, sobre a sua pessoa contribuirá para tranquilizá-la e confortá-la em sua identidade. Não seria desejá-

---

[12] Comentário de Vally sobre o *blog* de Deede, disponível em http://www.deedeeparis.com/blog/, 13 de agosto de 2007.

[13] Michel Oliva, "Je n'ai rien à me mettre", em *Colloque de Cerisy (1998)* (Paris: L'Harmattan, 2001), p. 83.

vel que os homens utilizassem com mais frequência essa sugestão e a personalizassem?[14]

Com efeito, se esse tipo de palavra (ou um apoio equivalente) tivesse sido pronunciado a tempo por seu pai, a menina teria podido escapar do que ela experimenta como uma dependência maternal e se desprenderia das identificações pré-edipianas antes da adolescência. Mas pode ser que uma palavra pronunciada no momento presente, que desmanchasse a "*cronopatia*" feminina e seus sortilégios, também fosse suscetível de se tornar uma fonte de satisfação atual sobre a qual a *fashion victim* poderia se apoiar para tornar menos exigente a sua necessidade de rivalidade e despertar seu prazer de estar simplesmente contente consigo mesma.

---

[14] *Ibid.*, p. 84.

Escravos e algozes da moda?

Milão 2007-2008:

Nesta temporada, Domenico Dolce e Stefano Gabbana não economizaram com a simbologia. O objetivo deles: fazer ouvir a própria voz, se inscrevendo contra o retorno ao minimalismo reinante. Vestidos tomara que caia metálicos – dourado e prateado, amarrotados – se antecipam frontalmente... As *cyber pin-up*, muito atraentes, têm uma presença glacial e perturbadora. Pouco a pouco, passamos sorrateiramente pelo filme *De olhos bem fechados*, com seus grandes lances de rendas lascivas, vestidos guarnecidos com tachinhas ou látex pretos. O conjunto completo da indumentária do pornô-chique desfila, acessórios feitos com pele de lobo, cintos largos com tachinhas e correntes. As estampas de leopardo misturam-se com os *smokings "dominatrix"*[*] e vestidos de gala feitos com bolas de musselinas transparentes. O final do desfile é um fogo de artifício feito de vestidos

---

[*] Palavra em latim que significa mulher dominadora. Geralmente sua imagem é associada a roupas de látex e couro e botas de cano longo. (N. T.)

de noite em cristais reluzentes, uma constelação lançada sobre as transparências mais que sugestivas.[1]

Espartilhos rígidos, vestidos guarnecidos com tachinhas, látex, "*dominatrix*"... O pornô-chique, que apareceu na moda no final dos anos 1990, conheceu grande sucesso e, ainda que os chicotes fossem reservados aos desfiles, a inclinação para o couro, o látex, as coleiras de cachorro e outras correntes e aparelhamentos, todo um equipamento sugestivo de uma sexualidade até então praticada em locais íntimos, ou mesmo secretos, recomeçaram a aparecer na vida cotidiana, nos acessórios das seguidoras do *fashion*.

Shockvertising, propaganda chocante?

Desde o princípio, quando o pornô-chique era usado nos desfiles de "*peep-show*"* mundanos, uma forma particular de violência sexual visual instalou-se mais diretamente na moda, resultando em algumas propagandas bastante sádicas, que encontraram lugar "natural" nas revistas, fazendo com que uma "blogueira" revoltada comentasse: "Em D. e Ga. o estupro é tendência".[2] Aliás, as campanhas de publicidade que alguns estilistas criaram tornaram-se polêmicas –[3] estabelecendo-se até mesmo um clima de censura –, e alguns entre eles tiveram

---

[1] Franca Sozzani, "Compte rendu du défilé de la collection hiver Dolce et Gabbana, prêt-à-porter", em vogue.com, 9 de maio de 2007.
* Exposição de fotos, objetos ou pessoas vistos através de um buraco pequeno ou uma lente de aumento. (N. T.)
[2] Disponível em http://unechicfille.blogspot.com/.
[3] L. Girard, "Les marques jouent la provocation à leur risque", em *Le Monde*, Paris, 15 de março de 2007.

que interrompê-las: foi o caso de Dolce e Gabbana, obrigados a retirar das revistas uma publicidade que mostrava, "agarrada pelos punhos, uma mulher com as pernas nuas e calçada com *escarpins*, presa ao solo por um homem com o torso nu".[4] A presença de três homens, que olhavam a cena impassíveis, sugere diretamente um estupro coletivo e os protestos foram intensos diante dessa incitação à dominação violenta. Ao lado dessas páginas, há outras não menos carregadas de evocações bastante pesadas: aqui um homem colocado em situação de ser violentado por outros homens, ali um pequerrucho bochechudo em roupa de batismo sobre uma mesa cirúrgica, com um sistema de iluminação para cirurgias, e sentado em uma espécie de incubadora estranha cercada por mulheres macilentas com vestidos de noite... O que pensar desse conjunto eclético de fantasias pornográficas, colocado em cenários de estilo ao mesmo tempo hiper-realista e maluco que se pretende glamouroso?

Em uma entrevista bastante hilariante concedida à revista *Newsweek* em março de 2007, Dolce e Gabbana reafirmam que suas publicidades não representam nem estupro nem violência e que, se alguém deseja fazer alguma interpretação, seria preciso falar em jogo sexual ou sonho erótico. Eles declaram gostar muito das mulheres (essas mulheres que representam 60% do total de seus negócios, dizem eles [*sic*]) para irem "tão longe", e afirmam que as publicidades se inscrevem em um *sexy* sem vulgaridade. Portanto, se concordarmos com essas alegações, desde que as fotos sejam belas e isentas de obscenidade (esse julgamento estético também pode não ser

---

[4] *Ibidem*.

partilhado), não se trata mais de estupro ou violência, mas de *sexy*. Essas afirmações podem fazer pensar no quadro de Magritte "Isto não é um cachimbo",[5] a aspiração por "inscrever-se em um *sexy* sem vulgaridade" parece indicar que eles colocam a violência de uma obra não no seu conteúdo, mas unicamente na sua expressão. Isso quer dizer que o valor estético estaria acima de qualquer outra consideração... Seja como for, isso lhes permite, apesar dos protestos, continuar a criar suas campanhas de publicidade usando os mesmos procedimentos, o que lhes assegura uma cobertura não desprezível dos meios de comunicação.

No momento em que escrevo estas linhas, ao sabor do dia, inspirado na panóplia sadomasoquista da moda, aparece ilustrado em várias páginas: em um cenário típico de um aposento acolchoado, uma mulher impunha o chicote para bater em outra mulher; ou, então, um homem nu ajoelha-se com a cabeça sobre o cinto-espartilho com cadeado, da roupa cor de sangue de uma mulher "da alta sociedade", totalmente glacial em vestido de noite (publicidades Dolce e Gabbana, 2007). Mais ameno, Jean-Claude Jitrois propõe uma campanha em que se mostra uma mulher com sapatos de salto agulha, completamente nua sob um blazer de pele e couro, alusão direta à peça *Vênus com peles,* de Sacher-Masoch; enquanto Nina Ricci apresenta uma menina bem pequena despenteada e pálida em uma clareira, usando um longo vestido com franjas, que evoca o despedaçado, o que nos leva a nos perguntar o que ela está fazendo ali, completamente sozinha, em tal estado,

---

[5] René Magritte, *La trahison des images*, 1929, óleo sobre tela, Los Angeles: County Museum.

a menos que seja uma referência a romances como *História de O*[*] ou algum "*Xavière*".[**] Trata-se de uma simples ação provocativa exibicionista para assegurar a essas casas de alta-costura uma difusão por meio da *shockvertising*,[6] uma maneira de utilizar nossas pulsões sexuais recalcadas excitando-as sem consideração?

Como ressalta Gilles Lugrin, em seu artigo "Entre uma superoferta homossexual e *glam trash*,[***] a polêmica em torno do pornô-chique", a publicidade deve ser audaciosa, e "ao envolver fortemente o destinatário, a *shockvertising* deve garantir a notabilidade e o aumento da taxa de memorização de maneira substancial".[7] Essa promoção do corpo desnudo, exibido e mais ou menos maltratado nos cenários sadomasoquistas latentes ou explícitos seria, portanto, uma maneira de chamar não somente a atenção com mais segurança, mas também estimular a memória daquele que olha. A exibição de elementos da sexualidade brutal, por meio de acessórios, de situações, de sinais que a sugerem fortemente, suscitaria uma ativação direta do *voyeurismo* e criaria um vínculo iné-

---

[*] Romance erótico cujo tema é dominação-submissão. (N. T.)
[**] A autora refere-se à escritora Xavière Gauthier, que publicou a obra *Surréalisme et sexualité* (Paris: Gallimard, 1971). (N. T.)
[6] "A *shockvertising* utiliza tudo o que a sociedade rejeita ou condena para tornar as mensagens publicitárias perceptíveis: violência, sexo, droga, morte, racismo, zoofilia... O objetivo é chocar para chamar a atenção do público que vai reencontrar seu sangue frio ao passar à ação e consumir, evidentemente, o produto elogiado pelas campanhas de *shockvertising*". (Definição proposta por Jeff Dargent em seu blog mokle.fr, em 29 de outubro de 2007.)
[***] A *glam trash* refere-se à moda, aos filmes, à prática sexual, às drogas e ao *rock and roll* apresentados da forma mais bizarra e provocatória possível. (N. T.)
[7] Gilles Lugrin "Entre surenchère homosexuelle et 'glam trash', la polémique du porno chic", setembro de 2001, disponível em http://www.comanalysis.ch/ComAnalysis/Publication25.htm.

dito entre o produto e aquele que, temporariamente, é objeto dessa manipulação. O que é buscado realiza "uma espécie de OPA (Oferta Pública de Aquisição) sobre as capacidades de investimento do espectador devido à sedução traumática que a imagem exerce",[8] como propõe Paul Denis, quando evoca as particularidades de certas formas de sedução pela imagem. É isso, provavelmente, o que o faz associar essas imagens a referências literárias, como se tais associações fossem também predeterminadas; a OPA se estendendo para a linguagem, a escrita, a história. Igualmente, não é apenas por pura ironia que alguns fotógrafos da moda, para se defenderem de suas publicidades sexuais violentas, convocam grandes nomes da pintura como Caravaggio e Delacroix, ao afirmar que se inspiram em quadros clássicos "tendo como objetivo exibir e exaltar" o corpo do homem.[9] Mas essa inscrição em uma tradição histórica e mítica é ao mesmo tempo direta e muito vaga, e a jangada sobre a qual eles querem nos embarcar parece presa a estranhos desvios de rota...

A banalização do erotismo

Esses cenários de estupros sugeridos, de cenas de dominação, com mulheres às quais se acrescentam acessórios, peles ou objetos ameaçadores, com homens escravizados ou sádicos são elaborações em torno de fantasias originárias descritas por Freud, e aqui reveladas de maneira particularmente crua

---

[8] Paul Denis, *Emprise et satisfaction, les deux formants de la pulsion*, Coleção Fil Rouge (Paris: PUF, 2002), p. 191.
[9] L. Girard, "Les marques jouent la provocation à leur risque", em *Le Monde*, Paris, 15 de março de 2007.

e desorganizadora. É sem a distância, tanto psíquica quanto material, estabelecida pela obra de arte, que se colocam em cena as fantasias típicas em torno dos temas da sedução, da angústia de castração e da cena primitiva. E é diretamente nas revistas de moda e nos desfiles que o pornô-chique é promovido e cada vez mais banalizado.

Essa banalização se dá em dois níveis: pelos suportes em que esse pornô-chique aparece e pelo conteúdo apresentado, pois, diferentemente do que a obra de arte permite, a barreira de proteção entre a fantasia e sua representação visual é cada vez mais reduzida. Provavelmente, alguns estilistas consideram que o que eles realizam em seus desfiles ou em suas publicidades pertence ao domínio da arte, enquanto outros, entre eles os maiores, se distanciam para afirmar a originalidade de seu espaço de criação.[10] O que não impede que uma assimilação muito fácil da moda pelo mundo da arte despreze esse parâmetro bastante particular, ou seja, o que é criado aqui é destinado a ser usado por pessoas reais e não pode ser completamente separado dessa perspectiva essencial de relação com o corpo. (É talvez para tentar se desprender deste parâmetro que as casas de alta-costura insistem com frequência sobre a diferença fundamental entre as roupas de um desfile e as que são usadas, como se esse afastamento da realidade permitisse escapar de suas coações e de suas leis.) Nas publicidades e fotografias de moda, é preciso tratar diretamente com

---

[10] Karl Lagerfeld reivindica bem o oposto: "Não, eu não sou um artista. Eu sei fazer roupas, eu tenho uma profissão, ideias, eu tenho uma curiosidade que alimenta o tempo todo o que faço. Mas o lado 'eu faço arte', isto não". Em "Le cuirassé Lagerfeld", entrevista concedida a Nelly Kaprièlan, revista *Vogue*, Paris, novembro de 2007, pp. 318-323.

aquilo que o choque visual ativa de nossas fantasias, sem ter tempo de representar, pela evocação, o deslocamento simbólico e todos os elementos de cultura ligados a certo percurso pessoal. Ir a uma exposição ou visitar um museu é um gesto bem menos banal que abrir um jornal ou uma revista de moda. Aquele que observa um quadro recorre à sua cultura, à história e aos mitos e, se ele aceita deixar-se surpreender pelo desconhecido e pela perturbação emocional, isso se passa em um contexto bem definido, pois o museu e a sala de exposição funcionam ao mesmo tempo como acesso complexo em direção à obra e como continente socializado dos efeitos que essa obra produzirá sobre o visitante.

A revista *Vogue Paris* de fevereiro de 2007, em um período em que o pornô-chique ainda era considerado como completamente fora de moda, apresenta uma posição muito interessante em relação a isso: nada nos títulos da capa – "Os herdeiros da alta sociedade; Gaspard Ulliel; *Nouvelle vague*, por Mario Testino; Como se tornar uma princesa; Formas redondas glorificadas; O *boom* dos estilistas ingleses" – predispõe o espírito para se deparar com a matéria "Sexo forte", realizada por Carine Roitfeld e Mario Testino, um prestigiado fotógrafo de moda. Encontramo-nos, de repente, diante de uma Lolita, de calcinhas com temas desenhados por Daisy, apontando para o próprio sexo a parte de trás de um sapato equipado com três balas de revólver, fotografia mostrada com múltiplas variações nas páginas seguintes, a pequena calcinha escorregando para o joelho, para revelar a fenda do sexo da modelo, fotos apresentadas como o "retorno propício de um *show* chique para a glória de Eros". As imagens são extraordinárias e não fariam feio em uma revista como *Photo* ou *Playboy*, mas não posso deixar de experimentar um certo mal-estar ao deparar-me com tais imagens em uma revista de moda *glamour*. Se nos falam oficialmente de Eros, não seria para promover Tânatos, como sugerem as balas de revólver? A confusão reina. A disposição dessas fotografias no interior de uma revista de moda, sem nada que possa representar uma advertência de mudança de registro, faz desaparecer a própria ideia de transgressão, que seria a única que nos prepararia para tomar consciência de que aquilo que é excitante faz parte aqui de um imaginário sexual brutal. Não há a menor possibilidade de se criar um intervalo, imaginativo ou real, que permita buscar intencionalmente tais elementos sexuais ou recusá-los. Não há linha demarcatória entre as páginas de turismo, arte, moda e as páginas sexuais, tudo é aplainado. Parece estar "esquecida" a ideia de que é a capacidade de abrir e fechar as portas sobre as fantasias sexuais violentas que permite construir sequências eróticas, e não a ausência de portas: é diretamente entre o anúncio publicitário de um perfume e um relato sobre a criação de Londres que essas poucas fotografias de um *voyeurismo* agressivo se impõem ao olhar de um leitor que não pode fazer nada a não ser suportá-las ou, eventualmente, negar o poder traumático delas.

Ao desejo aparente de provocar, acrescenta-se uma certa ironia em relação àqueles que dão prova de puritanismo em seus protestos, pois os estilistas, fotógrafos e redatores de revista poderiam retorquir, diante do que às vezes consideram como projetos de censura, que em nossa sociedade hipócrita as capas das revistas pornográficas estão diretamente expostas à visão nas bancas de jornais. É dessa maneira que o aspecto mercantil é minimizado, apesar de se encontrar no cerne da atitude.

Trata-se aqui de passar uma mensagem precisa: ter estas marcas de luxo, significa ter acesso, como "os membros da alta sociedade", a cenários sexuais violentos, que lhes estariam reservados pelo simples fato de que eles teriam os meios de organizar tais situações, dominá-las e usufruir delas. Nisso, esses desfiles e publicidades estão bem mais próximos do universo sádico que das revistas pornográficas habituais. Assim, o desejo de moda seria um desejo de ter acesso à sexualidade supostamente desenfreada dos ricos e dos poderosos "que podem se permitir tudo". Para aqueles que têm acesso ao luxo, a porta do quarto permanece aberta e as fantasias originárias tornam-se belas fotografias insensíveis e acessíveis a qualquer momento. Uma maneira muito particular de fazer frente, pela banalização, ao medo que tais fantasias despertam em relação às origens da vida, da sexualidade e da diferença entre os sexos... E a OPA assim realizada é desorganizadora para a vida pulsional, muito mais por essa banalização que pelos grandes abalos de sua provocação aparente.

Assim a moda – e esta é uma grande parte da sedução que ela exerce – arrasta em sua esteira todas as angústias originais, ligadas aos destinos da libido, dando-lhes um suporte de representação privilegiado. É na profundidade desses medos, às vezes erotizados, e graças à sua duração efêmera, que o entretenimento pode ocorrer. Mas o que acontece com o entretenimento quando a moda, por meio de uma reviravolta espantosa, vai da recusa da banalização para a banalização extrema, suprimindo a diferença dos sexos e das gerações, do íntimo e do social?

Jogos eróticos e medos, do fetichismo ao sadomasoquismo

> Mais do que nunca a moda da atualidade decidiu responder sem rodeios a todos os apelos fetichistas que existem em estado latente em nós. Vampiro insaciável, ela alimenta-se de todas as fantasias e de todos os exotismos... que ela distingue do fetichismo monomaníaco, que não leva em conta a moda por causa de seu aspecto efêmero.[11]

Aqueles que escrevem sobre moda nos últimos anos recorrem com frequência à contribuição psicanalítica de Freud para compreender os períodos chamados "fetichistas". Na obra de Geneviève Lafosse-Dauvergne, numerosos estilistas entrevistados fazem a associação entre a sua atração pelas roupas e uma espécie de "fetichismo galante", uma "perversão bonita", como propõe Jean-Paul Gaultier,[12] eles seriam, à sua maneira, como "Clérambault".[13]

Em psicanálise, o fetichismo tem um sentido que ultrapassa o da predileção por um objeto de culto. É um processo psíquico, o modo de resolução particular de um problema, que se coloca para cada criança por ocasião da descoberta da diferença entre os sexos: a descoberta da ausência de pênis na mulher desencadeia no menino o temor de perder esse órgão, pois ele descobre que uma parcela importante da humani-

---

[11] G. Lafosse-Dauvergne, *Mode et fétichisme* (Paris: Alternatives, 2002), p. 17.
[12] *Ibid.*, p. 16.
[13] Gaëtan de Clérambault, célebre alienista, autor de *La passion érotique des étoffes chez la femme* (1908-1910), reeditado como *Les empêcheurs de penser en rond* (Paris: Le Seuil, 2002). O próprio Gaëtan tinha paixão pelos tecidos, dos quais tirou milhares de fotografias.

dade é desprovida dele, o que estabelece a seus olhos certo temor sobre uma espécie de prova da realidade. Às vezes, esse temor geral, classicamente chamado de angústia de castração, pode acarretar uma reação psíquica particular, o fetichismo. Quando essa descoberta se dá em um clima psíquico traumático[14] associado às vicissitudes da vida psíquica das crianças com seus pais, a luta contra a angústia de castração, e os traumatismos psíquicos concomitantes, pode produzir uma condensação entre o problema e sua solução em "um ato eficaz, sempre pronto, excitante e agradável, que dá o autocontrole" sobre essa angústia e esses traumas: é essa condensação que é o fetiche, ato que ocasiona uma excitação sexual com um objeto particular. Para o fetichista, ao lado da realidade da diferença entre os sexos, existe um princípio psíquico de não realidade, em que ele dispõe de uma espécie de pênis particular, que pode acrescentar à mulher e cuja presença é indispensável para que ele possa alcançar o prazer sexual. É esse lado indispensável e invariável que assinala o fetichismo.

Entretanto, ao lado desse modo particular de evitar-se a angústia, "provavelmente nenhum ser masculino é poupado de sentir o terror da castração, quando vê o órgão genital feminino".[15] O próprio diabo não está isento desse terror.[16] Se a imensa maioria dos homens supera esse pavor, a maior parte, provavelmente, comemora a vitória sobre o medo por um

---

[14] Ver acerca disso a discussão sobre a gênese do fetichismo em Robert Stoller, *Masculin ou féminin?*, Coleção Fil Rouge (Paris: PUF, 1989), p. 231.
[15] Sigmund Freud, "Le fétichisme", em *La vie sexuelle*, trad. D. Berger *et al.* (Paris: PUF, 1970). [Artigo escrito em 1927.]
[16] Sigmund Freud, "La tête de méduse", em *Résultats, idées, problèmes*, vol. II (Paris: PUF, 1985). [Artigo escrito em 1922.]

interesse particular por esse ou aquele tipo de acessórios, que provocam uma excitação particular ao lembrar ao mesmo tempo o temor de outrora e o fato de tê-lo superado. Trata-se de repetir, por meio das amarras e do uso de acessórios, que são as mulheres que estão sem órgãos masculinos e que, portanto, é preciso que elas sofram *realmente* a representação dessa perda.

> Poderíamos ver outra variante do fetichismo, mais uma vez um paralelo tirado da psicologia comparada, no costume chinês em que se mutilava o pé da mulher para, depois, venerar esse membro mutilado como um fetiche. Poderíamos pensar que o chinês queria agradecer à mulher por ter se submetido à castração.[17]

Na atualidade, se os "ritos das amarras" podem parecer menos mutiladores que os pés enfaixados e os espartilhos, eles são regularmente usados ao sabor do dia, e se é certo que as mulheres ocidentais não mutilam tão diretamente os pés, as intervenções cirúrgicas de joanetes, por exemplo, tornaram-se muito provavelmente necessárias por causa dos desgastes provocados pelo uso constante de saltos altos... E não é por acaso que Camilla Morton consagra várias páginas de sua obra ao delicado problema de usar um par de saltos agulha com alguns conselhos sensatos como: "Quando os seus saltos agulha começam a ter o efeito de uma faca de cortar queijo, mudem de par de sapatos" ou: "Concedam sempre aos seus pés um dia de repouso...".[18]

---

[17] Sigmund Freud, "Le fétichisme", cit., p. 138.
[18] Camilla Morton, *Comment marcher sur des talons aiguilles*, Coleção Le Livre de Poche (Paris: LGF, 2007), p. 48.

Portanto, é um modo particular de trabalho psíquico que o estilista produziria sobre essa questão, talvez misturando traços de sublimação à sua vontade de demiurgo: ele acrescentaria a uma mulher nua alguma coisa que é ao mesmo tempo preciosa e que contém em si uma dimensão que significa a amarra e a falta de liberdade corporal. Assim, seria ao seu bel-prazer que uma mulher apareceria algumas vezes como castrada e outras não. Mas por quais razões as mulheres se prestariam a esse acomodamento da angústia masculina?

Quando Freud assinala o sentimento de reconhecimento por parte dos homens que decorre disso, podemos levantar a hipótese de que as mulheres que aceitam tais fantasias o fazem para seduzi-los, pela reduplicação da segurança narcisista que resulta dessa prática de comemoração. Mas, ao lado desse motivo certamente muito forte, podemos encontrar outros: as mulheres, por exemplo, com frequência colecionam alguns acessórios (bolsas, sapatos...) e podem devotar um verdadeiro culto a um elemento de seu guarda-roupa, sobre o qual acumulam todo o seu amor e toda a sua atenção, porque ele é suscetível de despertar nelas satisfação e emoção. Algumas mulheres, às vezes, também parecem estar particularmente ligadas a esses acessórios porque eles representam a sucessão de seus triunfos "fálicos" temporários ("dispor deles no bom momento"). Sem que, no entanto, por significar a falta, o aspecto de acumulação cesse, como as serpentes sobre a cabeça da Medusa, pois sabemos que para a psicanálise a multiplicação dos símbolos do pênis significa castração.[19]

---

[19] Sigmund Freud, "La tête de méduse", cit.

Outro motivo importante permite compreender porque as mulheres podem se submeter com tanto prazer a essas imposições do vestuário ("É preciso sofrer para ser bela") com a finalidade de seduzir: trata-se do "masoquismo feminino".

O masoquismo é um termo complexo. Freud estende essa noção além da perversão descrita pelos sexólogos a partir de Richard von Kraft-Ebing (1840-1902). Ele concebe o masoquismo como fator pertencente à vida psíquica de cada um e pensa que suas primeiras manifestações devem ser procuradas na sexualidade infantil. Para a psicanálise, o masoquismo pode não ter nenhum aspecto de prazer sexual direto em uma de suas variedades, no masoquismo moral; é, então, unicamente o sentimento de ser vítima que é procurado. No domínio do masoquismo erógeno nas mulheres, o prazer de ser maltratada e de tornar-se uma vítima frágil pode ter por objetivo "prender" o interesse de um parceiro, que cessa, então, de lutar diretamente com suas próprias fantasias masoquistas e as experimenta por identificação.

Cumplicidade dos masoquismos

Divididas entre os dois sexos, as fantasias masoquistas estão baseadas na ideia de ser brutalizado por um adulto, um pai investido pelos desejos incestuosos advindos da criança: "A fantasia 'uma criança sendo surrada' é confessada com frequência espantosa... A essa fantasia estão ligados sentimentos de prazer e, por causa disso, ela foi reproduzida inúmeras vezes ou ainda é sempre reproduzida".[20] Freud ressalta que as

---

[20] Sigmund Freud, "Un enfant est battu. Contribution à la genèse des perver-

fantasias de fustigação que se manifestam na infância, utilizadas com objetivo de prazer autoerótico, podem ser inconscientes ou conscientes. Ao lado da possibilidade de que elas evoluam para uma patologia psíquica é a existência comum de fantasias dessa natureza "que permite se representar como o masoquismo e o par que ele forma com a sua mudança radical ativa em sadismo estão em atividade na vida sexual em geral".[21] A maneira pela qual essas fantasias foram recalcadas, superadas, ou em parte negadas, pode estar acompanhada de um prazer atual de comemoração (segundo o processo já indicado quando falamos do destino da angústia de castração). Esse prazer pode, então, tornar-se um componente dos jogos permitidos e organizados que a moda oferece.

A encenação claramente alardeada de um sofrimento feminino no mínimo é proveitosa para os homens que partilham dessas fantasias sadomasoquistas e podem captar seu aspecto comemorativo. Para eles, então, é a mudança radical em sadismo que é favorecida; a satisfação masoquista é realizada pela identificação e conveniência, e a angústia da castração é evitada dessa maneira.

O trabalho de sublimação empobrece

Algumas vezes, a cumplicidade dos masoquismos transforma-se em confronto, e o sadismo parece, então, triunfar. Roland Barthes pôde dessa maneira enfatizar: "Os homens

---

sions sexuelles", em *Névrose, psychose et perversion*, trad. D. Guérineau (Paris: PUF, 1973), p. 219. [Artigo escrito em 1919.]
[21] Sigmund Freud, *Trois essais sur la théorie sexuelle (1905)*, trad. P. Koeppel (Paris: Gallimard, 1987). [Passagem acrescida em 1915.]

criam com frequência modos aberrantes para se vingar das mulheres".[22] Esse argumento, publicado muito antes do aparecimento do pornô-chique, pode estar relacionado com aquele que a obra de Edmund Bergler, *Fashion e o inconsciente*,[23] subentende, ou com o argumento do livro de Colin McDowell, *Vestida para matar: sexo, poder e roupas*,[24] por exemplo.

Para Bergler, psicanalista americano pós-freudiano, com base em seu trabalho de analista com os estilistas de moda, homossexuais em sua maioria, estamos longe do aspecto da comemoração partilhada. Para ele, o sentimento de humilhação e de medo em relação à dependência da mãe constitui o núcleo da atitude futura de alguns estilistas, atitude de rejeitar as mulheres que eles tratam de imobilizar ou caricaturar para impedi-las de incomodá-los. Por seu lado, o historiador da moda Colin McDowell insiste sobre a negação do maternal e a busca subjacente dos estilistas homossexuais de ridicularizar as mulheres. Desejo que, segundo esse autor, fracassa quando Madonna, por exemplo, vai além da caricatura para escarnecer de quem gostaria de zombar dela... A ironia é talvez para o humor o que a pornografia é para a relação amorosa: uma tentativa de dominação quando a satisfação é difícil... Mas, com a ironia, o jogo de comemoração perde ainda mais em sutileza, e na caricatura o que aflora é o sadismo, última defesa antes de uma autossatisfação que se transformaria em vazio.

---

[22] Roland Barthes, em *Le Nouvel Observateur*, 28 de março de 1966.
[23] Edmund Bergler, *Fashion and the Unconscious* (Madison: International Universities Press, 1987). [1ª ed. 1953.]
[24] Collin McDowell, *Dressed to Kill: Sex, Power and Clothes* (Londres: Hutchinson, 1992).

Se ao longo das diferentes épocas o trabalho da moda em relação ao sadomasoquismo proporciona um terreno de representação para as fantasias comuns aos homens e às mulheres, estimula sua cumplicidade ou põe em cena seus confrontos, aparecem atualmente outros aspectos. A valorização extrema de uma excitação visual centrada no exibicionismo-*voyeurismo* lançaria uma espécie de poeira nos olhos, tendo em vista dissimular o empobrecimento subjacente do trabalho de sublimação. O conjunto extravagante de objetos sexuais proposto, longe de participar de qualquer liberação de costumes, torna o erótico insípido, provocando sua degradação para uma excitação indiferenciada.

Por outro lado, o clima se degrada também quando a questão da angústia de castração não resulta em uma simbolização momentânea pela aparência e pelo acessório e se resume a uma negação, tornando imperativo que o corpo da *top model* seja claramente andrógino e o menos feminino possível. Então, torna-se central a questão de uma bissexualidade conduzida para a neutralidade, o que não permite mais nenhum jogo com a psicossexualidade, como se a angústia de castração fosse tal que levasse à concentração de um desejo de redução de diferenciação...

O caminho da elaboração dos conflitos psíquicos relativos à diferença entre os sexos, os medos e os sentimentos de culpabilidade inconscientes, experimentados em relação aos desejos sexuais da infância, e à maneira de enfrentá-los na idade adulta, fica, assim, cada vez mais obstruído. Ao privilegiar atualmente os efeitos da excitação e a mobilização das pulsões parciais, será que a moda não está em via de perder um de seus poderes relativos à civilização? Bastante próxima do corpo físico e psíquico, é então ela que pode, graças à combinação das múltiplas variáveis reversíveis que reúne e às dosagens sempre diferentes entre angústia de castração, carência e masoquismo, permitir esse equilíbrio muito tênue, que atribui ao espírito da época uma nova identidade.

A marca: um terceiro elemento protetor e/ou mal-estar identitário

∎

"O importante doravante para uma bolsa, não é tanto seu formato nem mesmo sua utilidade, é a sua grife...".[1] Por mais rude que pareça, esse propósito expressa a perplexidade que pode se apoderar de nós diante de uma bolsa da moda. Trata-se de esquecer qualquer referência estética porque sua forma não importa mais; e desconsiderar o senso prático, pois, se uma bolsa pode servir para colocar coisas em seu interior, em algumas delas essa operação torna-se temerária, às vezes, até mesmo impossível. E absolutamente o que se distingue é sua marca: a bolsa da moda apresenta-se como a figura-

---

[1] M. P. Lannelongue, *La mode racontée à ceux qui la portent,* Coleção Littérature (Paris: Hachette, 2003), p. 29.

ção de um sonho. Tudo está deslocado-concentrado nela, mas de tal maneira que os laços inconscientes tradicionais desse continente enigmático com a feminilidade se tornam mais abstratos e podem chegar até a desaparecer. Na realidade, essa abstração de forma, de sentido, de objetivo nos levaria a pensar que uma bolsa não é mais uma bolsa! É em todo o caso o que Patricia, responsável por uma loja de moda, me confirma: para ela, é primordial poder oferecer a bolsa da moda no momento adequado, é essa que suas clientes querem... ou nada.

Marie-Pierre Lannelongue vai muito mais longe em suas afirmações a respeito de marcas: "Quando se compra um modelo Gucci, ele deve ter todas as características que se espera dessa grife e quando o compramos ele deve mesmo nos fazer passar por um momento Gucci".[2] Muito além da simples valorização de si por meio de um acessório, um fenômeno já complexo, a marca poderia, então, transformar nossa capacidade de passar um momento agradável ao usar uma bolsa da moda em uma possibilidade de viver um "momento de marca" *graças* a essa bolsa. Ela teria, então, o poder de nos retirar do nosso próprio tempo para nos projetar e nos instalar em um outro. Mais desejável, um verdadeiro "teletransporte" para o mundo virtual da marca, partilhado por aqueles que a apreciam.

Esse deslocamento não é desprezível, porque o que significa querer *passar um momento de marca* com uma bolsa? A marca, representação de uma história e das qualidades associadas a ela, acompanhada de uma aura de luxo, de juventude ou de liberdade e de inovação, pode, portanto, ainda trans-

---

[2] *Ibid.*, p. 50.

formar-se em outra coisa... Para aquele que acredita nisso, ela teria o poder de desconectá-lo do seu espaço-tempo, ela organizaria um tempo "fora de si".

A marca, um terceiro elemento protetor contra a megalomania

Mas antes de ir mais longe, uma pequena história: Lola R. entra em uma loja famosa por suas roupas de luxo e fica perplexa de admiração diante de um vestido de marca que ela experimenta e compra sem a menor hesitação, apesar do preço bastante elevado. Ao sair, seus amigos lhe dizem que, de brincadeira, eles combinaram com os responsáveis por essa loja para oferecerem a ela roupas encontradas em uma feira por preço irrisório.

Essa brincadeira ambígua, feita com uma *fashion victim*, pode significar, em seu aspecto otimista, que no fim das contas, roupas sem marca podem estar completamente na moda... E especialmente isso é agradável de pensar, pois, encorajada por sua crença no poderio da marca, aquela que participou sem saber desse pequeno jogo, conseguiu fazer uma escolha diferente. Entretanto, por meio dessa anedota, podemos provavelmente compreender melhor o que alimenta os pensamentos dissimulados que se apresentam quando compramos uma roupa de marca especialmente dispendiosa: será que nós pagaríamos aquele preço se ela não tivesse a preciosa logomarca? Acharíamos a mesma roupa tão bonita, se ela tivesse uma marca qualquer? Em acréscimo a essas perguntas perturbadoras, podemos também nos questionar sobre a confiança que temos em nosso próprio julgamento estético quando, sem mesmo nos apercebermos, delegamos a uma marca o poder de "nos tranquilizar" sobre o valor de uma roupa. Por que aceitamos pagar preço tão alto por esse duplo movimento de renúncia-ajustamento?

"Certificado de qualidade" de valor, marca de referência, que precede o que se faz ou não dentro do espírito da época, a marca provavelmente desempenha um papel de terceiro elemento protetor em relação aos resquícios da megalomania e do exibicionismo da infância, da crença de que podemos vestir unicamente o que queremos quando queremos, sem considerar nada além de si mesmo. E esse vaivém entre o nosso próprio olhar sobre nós mesmos e a atualidade exterior constitui a sua dinâmica. A marca pode servir de vetor para mensagens mais ou menos enigmáticas: graças a ela, a roupa ostentada torna-se mensageira de sinais suplementares sobre o que se quer revelar em relação ao meio, possibilidades financeiras, "símbolo de *status*", e sobre o que se deseja suscitar nos olhares dos outros sobre si. Ela permite igualmente mensurar mais diretamente a energia que se está disposto a despender para apresentar aos outros uma imagem de si mesmo que corresponda àquilo que se deseja mostrar, aqui também, com um código mais ou menos implícito, em que o investimento ou a falta de investimento na autoimagem permita que, diante do olhar do outro e de si mesmo, se possa ser avaliado ao primeiro golpe de vista...

Esse "ser-si" suplementar, amplamente artificial, e associado a um traço visual acrescentado sobre si, representa um ganho imediato sobre o longo trabalho que seria necessário realizar para ser também completamente "si mesmo acrescido de valor", que gostaríamos de ser sem ter que recorrer a tais artifícios. Para ser uma pessoa muito notável, que só gosta de castelos, é necessário esforços muito raramente coroados de sucesso; ser um campeão de futebol também. Ao passo que se vestir com atributos de duquesa ou de rei do futebol é bastante fácil... Nesse sentido, a marca participa da elaboração do nosso "*dress code* pessoal", oriundo de nossos desejos infantis e de nosso caminho pela elaboração edipiana. Como vimos anteriormente, quando a logomarca apoia-se nas histórias, a de cada um e a das estrelas, ela nos permite fazer um percurso psíquico em que a existência de um terceiro elemento cultural não nos deixa diante de nós mesmos. Os jogos com as marcas são em geral um compromisso bastante interessante, uma espécie de circuito de alívio que a moda nos permite realizar com nossos desejos, aquilo que nós somos, e o que exibimos de nós mesmos ao usar essas etiquetas de identidade imaginárias e temporárias.

Entretanto, ao lado do uso "bem comedido" da moda e das marcas, parece, às vezes, se produzir um verdadeiro curto-circuito psíquico (como vimos anteriormente, por exemplo, ao evocar algumas *fashion victims*), que conduz ao empobrecimento de si, assim que a marca se torna a única referência, revelando uma fragilidade identitária, sobretudo quando seu valor narcisista aproxima-se muito do valor de mercadoria.

Nessa configuração, em que o excesso de idealização está muito presente, usar determinada marca é assumir ser a pessoa que é evocada por ela: ser Dior, é tornar-se Mônica Bellucci, como se "ter é ser", ou ainda, "este ter é o meu ser". Tendo tornado-se um recurso essencial para o indivíduo sentir-se visto pelos outros, a marca transforma-se em um código de barra identitário. Existimos porque estamos com uma roupa Armani ou com um vestido Prada. Então, não se vale outra coisa...

Psicopata americano: a identidade se dissolve na marca

Esse fenômeno está particularmente presente no romance de Bret Easton Ellis, *Psicopata americano*,[3] em que apenas a roupa e sua marca definem a identidade das personagens. Patrick Bateman, o protagonista do romance, rapaz importante, que se destaca no meio dos *yuppies* de Nova York, comete uma série de assassinatos sem despertar a menor suspeita entre aqueles que o rodeiam, pois, no meio em que circula, é ao mesmo tempo uma figura da moda entre outras figuras da moda e totalmente acima de qualquer suspeita. Desde o início, o romance, que se desenvolve em um ambiente de extrema riqueza, está repleto de nomes de marcas que parecem traçar os contornos geográficos de um território fora do qual a morte real comparece e aquém do qual a morte psíquica ronda há muito tempo.

É bem significativo que Mark Simpson (que criou o termo "metrossexual"), Guillaume Erner[4] e outros autores evoquem muito particularmente esse romance nos seus escritos sobre a moda. É uma obra que – talvez mais ainda do que a obra seguinte do mesmo autor –[5] coloca em perspectiva os desvios

---

[3] Bret Easton Ellis, *American psycho*, Coleção Pavillons (Paris: Robert Laffont, 2000).
[4] Guillaume Erner, *Victimes de la mode?* (Paris: La Découverte, 2004), p. 211.
[5] Bret Easton Ellis, *Glamorama*, Coleção Pavillons (Paris: Robert Laffont, 2000). Nessa obra, o enredo se passa diretamente nos ambientes da moda.

da dependência das marcas e do funcionamento fetichista que sua atração pode exacerbar. O escritor Michel Braudeau, em seu prefácio, insiste sobre o terrível talento de Ellis, na "escrita insensível e monótona" e "na indiferença clínica".[6] Se os atos bárbaros que o herói comete fazem parte do "clássico" da literatura sádica, a descoberta e a força do autor foi ter mostrado o laço entre essa crueldade e a fragilidade extrema da personagem, por meio da descrição de seu universo insensível e saturado de luxo. A extraordinária insistência colocada sobre a marca das roupas e dos acessórios deixa transparecer o que elas "valem" para as pessoas e, sobre a maior parte delas, não sabemos mais que isto: nada de sua história nem de seus estados afetivos elementares, apenas alguns elementos bastante vagos sobre sua profissão e seu potencial financeiro. Roupas, marcas, maneiras de vestir esta ou aquela roupa, formas de cuidar-se fisicamente também são expressão das únicas trocas possíveis entre as personagens.

Eis, por exemplo, como nos é apresentada Vanden, uma jovem da roda habitual do protagonista: "Vanden é um cruzamento entre um casaco de lã tricotado da marca The Limited e um Benetton fora de moda...". Tudo é sugerido nesse enunciado condensado. Ele nos faz compreender que o que importa sobre essa jovem é que ela não se veste segundo a moda: a ausência de novidade fica sublinhada, as duas marcas não são "o ápice" no momento em que o romance se desenrola e usar um casaco de lã tricotado não é nada *trendy*. Isso revela também o deslocamento dos sinais de referência: no planeta

---

[6] Michel Braudeau, apresentação do livro de B. E. Ellis, *American psycho*, Coleção Points (Paris: Le Seuil, 1998).

fashion do protagonista, não há nenhum problema em falar da identidade de uma mulher como se ela resultasse apenas da cópula entre duas roupas de marca. Na verdade, usa-se o termo acasalamento para os animais, mas, se duas roupas podem gerar um ser humano, a questão do aspecto carnal da concepção desaparece e o sentido de nascimento encontra-se completamente deslocado... E se, em último caso, é preciso ainda duas marcas para "fazer" uma pessoa malvestida, uma animalidade desencarnada conecta-se com uma artificialidade extrema e faz emergir a ideia de um ente "não humano" particularmente estranho. Será que isso mostra uma tentativa de separação entre a realidade e a moda, uma espécie de depuração do vestuário, de si e dos outros, para escapar das fantasias originárias da cena primitiva, tornando-a virtual ao extremo?

Patrick Bateman conhece as marcas de todas as roupas que seus amigos e amigas usam, e ele as enuncia com atenção constante e metódica cada vez que os encontra. O efeito é bastante espetacular. Pensamos estar permanentemente em um desfile comentado por um jornalista de moda extremamente meticuloso: "Price, ele, veste um terno de lã e seda Ermenegildo Zegna com seis botões, uma camisa de algodão Ike Behar com punhos tipo mosqueteiro, uma gravata de seda Ralph Lauren e sapatos de couro bicolor Fratelli Rossi".[7] A avalanche de descrições, de onde mal emergem alguns prenomes, mostra a que ponto se trata de um universo em que a identidade de cada um se desvanece, onde os seres estão literal e exclu-

---

[7] Bret Easton Ellis, *American psycho*, cit., p. 11.

sivamente obcecados pela preocupação de serem vistos no lugar certo, no melhor momento, em "momentos de marca".

Porém, esses enunciados com muitas referências, o que poderia de certa maneira constituir uma nova carta de identidade desencarnada da pessoa que o protagonista tem diante de si, não são senão um biombo, atrás do qual ele os confunde. Desde o início do relato, as falhas no registro da identidade se fazem sentir e parecem banais: nomes errados, falsos reconhecimentos de pessoas parecidas com..., podendo ser... A incerteza e a imprecisão dominam, as silhuetas indecisas, permutáveis, são como manequins indiferenciados portadores de marcas. E Patrick Bateman, ele mesmo, não escapa a essa confusão quando com frequência é tomado por outra pessoa: "Um tipo que se parece traço por traço com Christophe Lauder se dirige para a nossa mesa [...] e, me dando um pequeno tapa no ombro, declara: 'Olá Hamilton, seu bronzeado é magnífico' antes de desaparecer". E, algumas linhas adiante: "Onde está Conrad?..., eu digo, – É o imbecil que o chamou de Hamilton, diz Price. – Aquele não era Conrad. – Você tem certeza? Parecia-se com ele de maneira singular".[8]

Esses constantes equívocos, em que um "falso reconhecido" se engana sobre a identidade das outras personagens e do protagonista, reforçam a hesitação identitária de Patrick Bateman, que não cessa de transformar os "outros" em simples produtos de sua dominação visual sobre eles, a fim de garantir um mínimo de sobrevida psíquica, o que o arrasta para uma espiral mortífera. E, em sua roda habitual, todas as personagens, apesar de menos loucas que ele, parecem estar

---

[8] *Ibid.*, p. 71.

afetadas pela mesma crise de identidade. Nem sua voz, nem seu odor, nem as particularidades de suas atitudes permitem distingui-los uns dos outros, e, por um subterfúgio irônico, mesmo a distinção pelas roupas desaparece: eles são clones, e os mecanismos que operam em seu desaparecimento são justamente os pressupostos que deveriam fazê-los distinguir-se e admirar-se uns aos outros, o que representa, antes de tudo, o sintoma de um movimento defensivo poderoso contra qualquer encontro possível, defesa essa que, infelizmente, funciona muito eficazmente.

Esse investimento exclusivo na aparência e nas marcas, essa espécie de superidealização, um dos sintomas da loucura do protagonista, são o último recurso contra a dissolução da sua personalidade. Esse pequeno remanescente de um terreno comum com outros seres humanos suficientemente idênticos a ele mesmo para não perturbar muito o seu sentimento de ainda existir, indica, talvez, que uma forma de autismo foi criada pela muleta identitária que esse superinvestimento estético constitui.

Funcionamento da marca como fetiche

Porém, a morte ronda efetivamente e, sem futuro nem passado, o estetismo alucinado que invade tudo e ressalta ainda mais "a sujeira" temida e fascinante não permite ao protagonista de *Psicopata americano* preencher o vazio... Por ser considerado como um espécime entre outros no interior de seu grupo, ele mesmo simples produto, é submetido à dominação sádica e à destruição. E, se o luxo e o dinheiro são os elementos dominantes da descrição, como sendo o único terreno possível onde se desenrola todo o romance, o tríptico "luxo, dinheiro, identidade adquirida pelo uso de marcas" é somente o reverso de uma negação exatamente simétrica: "sujeira, pobreza, seres sem identidade que se tornam produtos-lixo", que assinala o pesadelo pessoal do herói. Porque, como os anti-heróis de Marquês de Sade, Patrick Bateman tem dois tipos de vítimas: as do seu ambiente, bela(o)s e atraída(o)s por ele – o que causa suas perdas –, e pessoas ditas inferiores, pobres, malvestidas. Esse duplo "objetivo" já estava presente no universo de Sade, como revela Jacqueline Chasseguet-Smirgel,[9] e nesse universo o ser velho, sujo, feio (e eu acrescento "em farrapos") constitui a objetivação da fantasia sádica: "ele já está a meio caminho de sua total digestão [...] e transformado em merda",[10] evitando àquele que o ataca (belo, limpo e jovem) sentir-se menos que nada no fundo de si mesmo.

Para não ser capturado no seu percurso de *serial killer*, Patrick Bateman utilizará o efeito de clonagem e desaparecimento de sua identidade: a crença subjacente em seu sentimento de impunidade – "Visto que não existo, então posso me permitir tudo" –, que se faz acompanhar da negação da dor de ser transparente, funciona aí perfeitamente, e suas vítimas, sem identidade, não poderão tornar-se em sua cabeça outra coisa senão corpos mutilados e, em seguida, produtos mutilados de sua loucura sádica. Apesar do empenho de Patrick em desvitalizar a sexualidade para torná-la apenas um percurso do combatente para o prazer sexual, seu ódio pelo

---

[9] J. Chasseguet-Smirgel, *Éthique et esthétique de la perversion* (Seyssel: Champ Vallon, 2006).
[10] *Ibid.*, p. 207.

que representa o sujo, o pobre, aquele que está carente a mulher que é preciso destruir, após o sexo, pois ela o coloca diante da angústia da carência e do desejo do outro, tudo isso faz pensar no polo fecal da relação sexual. Esse ódio não visa senão destruir o outro e colocá-lo à sua mercê e aviltá-lo, como indica a psicanalista Jacqueline Schaeffer.[11] Ter a marca como selo de luxo torna-se uma espécie de funcionamento fetichista, que cumpre, assim, seu objetivo de evitar qualquer angústia, porque o que falta, e o torna definitivamente incompleto, é negado, e Patrick pode permanecer na ilusão de que tudo sempre poderá ser obtido com dinheiro.

O acessório, a marca e a ilusão de identidade

A bolsa que devemos possuir, importante unicamente por sua grife, que não é mais apenas uma bolsa, constantemente corre o risco de perder uma parte de seu valor representativo quando é considerada como muito mais que um simples acessório. Se é *preciso* ter uma bolsa da marca Prada ou Chloé, esse imperativo inscreve a busca para consegui-la no registro de carência a ser preenchida imediatamente: possuir essa bolsa é como possuir um "fetiche temporário". E a posse desse objeto, reproduzível no seu efeito, duplicável, que tem como único sentido a existência de sua marca sem outra consideração de utilidade ou estética, permite evitar certos estados afetivos elementares: o desaparecimento dessa bolsa não acarretaria

---

[11] Cf. J. Schaeffer, *La différence des sexes dans le couple et la cocréation du masculin et du féminin,* disponível em http://www.spp.asso.fr/main/conferencesenligne/Items/28.htm.

"senão" a perda de um objeto de marca, perda imediatamente reparável, pois a famosa marca continuará a produzir uma série de outras bolsas ao mesmo tempo semelhantes e novas; e qualquer bolsa da moda no futuro dará novamente a mesma abertura para "o momento de marca", e se tornará, por sua vez, paradoxalmente indispensável... Nem mais nem menos!

Porque perder uma bolsa que vale somente pela sua marca não é uma perda que pode alimentar o imaginário: os elementos afetivos (cor, formas, circunstâncias de sua compra, com uma amiga ou para uma ocasião importante, por exemplo) e todas as lembranças das quais aquela bolsa foi testemunha, nunca estiveram em primeiro plano. O que tornou o acessório desejado essencial é que ele representa uma espécie de "abre-te sésamo" ou "tapete voador", que garante a entrada em um mundo extraordinário e a realização de uma aparência ideal. Ele proporciona, assim, um investimento muito mais direto, uma vez que propõe o excepcional, mas se deixa desinvestir também rapidamente porque é um excepcional de curta duração! A marca se consagra ao mesmo tempo como causa de condensação do valor do objeto de moda e como sua autonegação, pois é apenas um logotipo.

Acabamos de ver que existem aspectos terríveis, nos quais o estado afetivo elementar é perigoso, em que perder é impossível, sofrer é insuportável e o interesse exclusivo pelas marcas, proteção contra tudo o que poderia suscitar angústia, torna-se um sinal de falta de humanização: com a superidealização da aparência, que está subordinada a isso, o outro e si mesmo são produtos, para consumir ou para descartar, como ressalta Mark Simpson em seu *blog*. Ele diz: "O herói do filme *Psicopata americano* está muito ocupado com o seu cortador de unhas gigante para preocupar-se em fazer uma jovem feliz. E isso seria muito menos importante para ele do que uma mancha num sofá branco de seda...".[12]

Sob a mesma perspectiva, seria preciso talvez meditar sobre os propósitos do costureiro e homem de negócios Tom Ford (ex-Gucci): "Eu sou uma pessoa, mas sou também um produto".[13] Pois, para além da perspectiva comercial na qual eles se inscrevem – do mesmo modo que os propósitos bem divulgados do tipo: "é preciso saber se vender" –, tomado em seu sentido mais forte, eles são talvez o indício de um deslocamento progressivo da noção de identidade e de um problema de civilização. O "Isto não é uma bolsa", assim como "Isto não é um homem", assume, então, um aspecto que causa intensa perturbação, pois a negação da simbolização nesse caso alia-se de maneira paradoxal ao processo de artificialismo da moda como nova influência irresistível de sinais praticamente esvaziados do seu sentido habitual e, às vezes, mesmo de qualquer sentido. Nós estamos aqui no auge do universo do consumo, tal como o descreve Jean Baudrillard:

> Esta conversão do objeto para um estado intermediário de sinal implica uma modificação simultânea da relação humana, que se torna relação de consumação, quer dizer que tende a se consumar (no duplo sentido da palavra, a se concluir e se abolir) nos e por meio dos objetos, que se tornam nesse caso a mediação obrigatória, e muito rapidamente o sinal substitutivo, o álibi.[14]

---

[12] Mark Simpson, *blog*, julho de 2002.
[13] M. P. Lannelongue, *La mode raconté à ceux qui la portent*, cit., p. 50.
[14] J. Baudrillard, *Le système des objets*, Coleção Tel (Paris: Gallimard, 1978), p. 279.

Os circuitos atuais da moda nos proporcionariam indicações sobre essas "mudanças" na relação humana? Arrebatados por nossas identidades cada vez mais incertas, por nossos desejos de dominação que não aceitam mais a margem de incerteza que o outro pode nos opor, estaríamos em busca exclusiva da posse do concreto, do utensílio ou da marca portadora de sinais "jovens", negando, assim, a instabilidade de tudo o que é criado nas relações humanas, mutáveis, precárias, frágeis. Ora, o processo de civilização implica uma relação com o outro e ela estabelece que o outro, como o si mesmo, é de uma espécie radicalmente não consumível. O espaço garantido por esse reconhecimento é que permite que nossas fantasias arcaicas sejam recalcadas, ou se transformem em cenários imaginários deslocados, sublimados, graças aos quais uma elaboração com um outro, que existe como diferente, é possível. Mas, se a rivalidade arcaica triunfa, se o registro da consumação imediata e imperiosa do "mesmo desejável" torna-se o habitual das relações, o que restará desse espaço de criação de si e do outro ao qual a moda oferecia ajuda?

O olhar torna-se sombrio: tentações melancólicas da moda

Modelos pálidos, com olheiras, desfilando sua magreza com um ar de inacessível, roupas rasgadas, esburacadas, a moda pode dessa maneira brincar com o registro do "lúgubre" e não somente nos desfiles. Com a condição de que ele seja bem usado, o "rasgado", "estragado" é muito *fashion*, como prova uma desventura que aconteceu a Kate Moss[1], considerada por alguns como alguém que sabe o que fazer para estar na moda:

> Na última quinta-feira à noite, o Victoria e Albert Museum organizava uma festa para a inauguração da sua superexposição *A idade de ouro da costura*. Convidada, Kate Moss para lá se dirigiu em um extraordinário vestido Dior, de qualidade excepcional, em seda cor de cham-

---

[1] Kate Moss é uma *top model* inglesa de grande prestígio. Ela tornou-se célebre com "o visual de criança abandonada" (*waif look*).

panhe. Problema: ela ainda não havia dado três passos quando a imbecil da Courtney Love[2] pisa na cauda de seu vestido, o que instantaneamente rasga a peça muito frágil. Não parecendo perturbada, Kate continua na festa como se nada tivesse acontecido... com o vestido esburacado. No entanto, com o passar das horas, o buraco aumenta. Pouco lhe importa, ela ergue o vestido, faz um drapejado ao redor do quadril e improvisa um minivestido... resultado impecável. Parece uma verdadeira estilista.[3]

Qualquer outra teria voltado para casa imediatamente com medo do ridículo, mas quando se é uma insuperável do *fashion*, aproveita-se para criar uma nova moda...

A falta de cuidado (olha!, a minha bainha está descosturada, meu botão quebrou, comprei um tamanho muito grande, etc.) é o auge de alguns momentos da moda, essa falta torna-se *fashion*... Isso rasga bastante, isso esburaca, isso descostura, e, muitas vezes, esses contratempos não são reparados, refeitos e bordados, portanto, desfiaduras, desgastes de tecidos, bainhas desfeitas até a metade, que há pouco tempo, nos anos 1980, na época das primeiras costuras aparentes, suscitavam interrogações naqueles que viam tais roupas se perguntarem se não era preciso, como São Elígio fez com o bom rei Dagobert, assinalar que o vestido ou o casaco foi vestido às avessas. O esburacado é moderno e choca pouco as gerações atuais, completamente impregnadas pela moda *punk*, da qual tira suas reinterpretações, revisitada por Vivienne Westwood

---

[2] Courtney Love é uma cantora e atriz americana, nascida em 1964, em São Francisco. É viúva do ex-líder da banda de *rock* Nirvana, Kurt Cobain.
[3] *Blog* Café mode, l'oeil d'une parisienne (presque à la page), 21 de setembro de 2007.

e, em seguida, pela maioria dos estilistas. O alargamento de buracos nos *jeans*, por exemplo, provoca especialmente discussões nos fóruns: se alguns jovens que são "vítimas" disso podem apreciar que os buracos são cada vez maiores, outros acham isso vulgar, principalmente quando o rasgo que aumenta está localizado nas nádegas.[4]

Buraco e *piercing*: representação simbólica *fashion* de uma agressão?

Os rasgões e os maus-tratos infligidos às roupas – que levam algumas pessoas a falar de *jeans* torturado (*sic*!) – são uma representação simbólica do movimento que atualmente esburaca e fura os tecidos, e também a pele? Pois o *piercing* faz um buraco, rasga a superfície do corpo para colocar nele uma argola, cravar uma tachinha ou um pequeno diamante, da mesma maneira que se ornamenta um *jeans* com um buraco; o uso de *piercings* múltiplos na orelha faz a borda se parecer com uma renda que desfia... Tratar sua própria pele como um simples tecido que se pode manipular à vontade seria uma maneira singular de se comportar em relação ao envoltório do próprio corpo, uma forma de dominação onipotente sobre um corpo que seria, então, mais possuído que integrado. E aquele ou aquela que não conseguisse dominá-lo a seu gosto poderia vir a experimentar decepção e cólera.

Sob essa ótica, a anedota de Kate Moss e Courtney Love poderia intitular-se: "Como transformar uma agressão (ter a cauda de seu vestido Dior pisada por uma rival) em vitória

---

[4] Disponível em http://forum.doctissimo.fr/mode/mode, 21 de maio de 2006.

pessoal que expressa muito mais *glamour*". Uma maneira de dizer: "Você rasga meu vestido? Pois bem, rasgado e estragado ele fica ainda melhor!". Nos encontramos, portanto, em uma situação surpreendente que equivale, por assim dizer, a exibir com brilho a marca do soco acabado de receber... Enunciada dessa maneira, a provocação agressiva subjacente à atitude que provocou o rasgão aparece mais nitidamente, e, por sua simplicidade, ela poderia revelar um mecanismo psíquico interessante.

A moda do "rasgado", do "deixar acontecer" seria uma maneira de marcar sobre as roupas uma manifestação de agressividade e rivalidade, sofrida em certo nível e, em seguida, transformada em um jogo de moda? Associadas a mecanismos mais antigos que a rivalidade destinada a seduzir, essa agressividade e essa concorrência pertenceriam ao registro da inveja. Inveja que se dirige a uma imagem ideal de uma mãe arcaica e onipotente,[5] aquela que dá a pele e seus contornos, que cuida e que, para a criança pequena, faz parte dela mesma até que ela possa se considerar como um ser separado. Ora, se o período precoce de constituição de uma imagem ideal de si durante o estágio do espelho foi complicado por traumatismos relacionais portadores de desinvestimento – como, por exemplo, uma separação real, ou uma dificuldade de contato às vezes quase indiscernível com uma mãe depressiva, que se torna subitamente menos terna –, o traço desse desinvestimento e suas consequências psíquicas pode, então,

---

[5] "Todas as ameaças que se acumulam sobre a mãe arcaica, cuja figura das Erínias é uma das representações possíveis, irão dessa maneira ser deslocadas para a função da ação de vestir." Monique Schneider, "La peau et le partage sexué", Colloque de Cerisy, Le vêtement (Paris: L'Harmattan, 2001), p. 25.

se expressar de maneira direta: ao se usar roupas rasgadas e esburacadas, ou ao "ocupar-se por si mesmo de sua pele", para marcar bem uma separação, esburacando-a, e até mesmo modificando-a (*piercing*, tatuagem, etc.). Algumas vezes também, o processo de separação e autonomia não se faz completamente, e superar o modelo precoce da imagem corporal idealizada revela-se impossível, principalmente se a juventude e a infância foram idealizadas como uma idade de ouro que não se pode ultrapassar. Então, tudo o que virá perturbar essa imagem triunfante à qual nos agarramos será objeto de um ataque repetitivo que cessará apenas com a morte: esse é o chique da autoderrisão que aparece nessas proposições de Hedy Lamarr – anciã "mais bela do mundo" e como tal naturalmente condenada ao percurso do combatente que usa a cirurgia estética – sobre a morte, que ela encara com alívio: "Imagine: nunca mais rugas, nunca mais *liftings*!".[6]

Quando por uma ou outra razão, o funcionamento do domínio sobre o próprio "corpo de antes" triunfa em uma espécie de prática de fetichismo do corpo, que se tornou quase um objeto ao mesmo tempo interiorizado e separado, o "si-jovem" pode permanecer objeto de inveja, e até mesmo tornar-se para si mesmo um rival absoluto e perfeito, pois, no fundo, ele é indomável enquanto a espécie humana for mortal. O único projeto possível torna-se, então, o de morrer com a aparência da juventude.

O domínio desse corpo jovem e ilusoriamente livre passa, então, a ser controlado, para refreá-lo: um corpo musculoso e rígido, ágil, e ao mesmo tempo liso e o que mais for preciso.

---

[6] P. Murat, "Calling Hedy Lamarr", em *Télérama*, 12 de novembro de 2007.

Ora, a juventude do corpo é um tecido destinado a se estragar e o primeiro objetivo da moda é evitar isso: desconectar-se do tempo biológico e substituí-lo por uma juventude eterna, iludida pelo ritmo *fashion* que se alimenta de artificialidade.

Mas, então, por que essa vontade de esburacar, colorir, modificar, esse corpo jovem e moderno? Provavelmente para verificar e experimentar que nos tornamos seu proprietário, dentro da perspectiva de uma prática de fetichismo corporal. Entretanto, existe um obstáculo importante para esse ato de propriedade, pois o objeto que desejamos conservar, o "si de antes", é sempre perdido, pois o corpo, que é o seu depositário, é um objeto de culto sempre instável e insubmisso quando portador de um ideal corporal.

Como qualquer tentativa de dominação não consegue atingir as periferias de uma satisfação interior durável, é sobre o seu aspecto sadomasoquista que essa se agrava, frequentemente com muito apelo, conservando o traço de arrombamento, buraco, *piercing*. A amplitude de sua punção e de seu objeto talvez varie de acordo com a profunda necessidade de imutabilidade, "ponto de basta" (segundo Lacan) de dominação do passado e da eterna expressão de um desejo intenso de onipotência. É isso que explica a restrição de um dos heróis do livro *Serpentes e piercings*; ele mesmo – embora adepto de práticas muito mutiladoras – jamais faria algumas delas, diz ele, como rachar a língua em duas para torná-la semelhante à de uma serpente. Para justificar sua recusa, limite e revelação de sua megalomania pessoal, ele acrescenta: "Eu creio que só Deus tem o direito de fazê-lo".[7]

---

[7] Hitomi Kanehara, *Serpents et piercings* (Paris: Grasset & Fasquelle, 2006),

Jovens múmias

O ponto final dessa dominação sobre o corpo tal como ela é representada aqui seria a obtenção de um atual definitivo. É isso que faz Dominique Quessada e Farid Chenoune dizerem: "A moda conspira contra a morte, celebra o vivo, mas ao mesmo tempo detém o seu vir a ser frágil e o mumifica em um cadáver esquisito".[8] O vínculo da moda com a morte é bem conhecido,[9] a própria essência da moda é o efêmero, o que faz Jean Cocteau dizer: "A moda morre jovem...",[10] e, em uma canção, Boris Vian a denuncia com um traço de humor negro:

> Eu sou esnobe...
> Ainda mais esnobe que há pouco...
> E quando eu morrer
> Quero um sudário da casa Dior!

Mas, atualmente, às vezes esse vínculo parece tomar um aspecto bastante peculiar: encontramo-nos na situação para-

---

p. 21. O livro explora, ao relatar a trajetória de um jovem japonês, a atração por diferentes práticas de automutilação, desde *piercings* até modificações corporais mais radicais.

[8] D. Quessada & F. Chenoune, "Mélancolie de la mode", em *Revue des Deux Mondes*, Paris, julho de 2001, p. 17.

[9] Giacomo Léopardi, *Petites oeuvres morales*, trad. Joël Gayraud (Paris: Allia, 1993), pp. 22-27.

[10] "A moda morre muito jovem e isso a ilumina com uma espécie de fosforescência, de um rubor na face que nos comove. Ela está condenada desde o seu nascimento. Ela está quase morta antes de viver. Ela precisa espalhar todo o seu aroma de uma só vez sem uma segunda chance. Ela é insolente e tocante. Poderia ser definida desta forma: uma epidemia fulminante graças à qual pessoas de formações diversas e antagônicas obedecem a uma ordem misteriosa, vinda não se sabe de onde, e se submetem a um hábito que as perturba até o instante em que uma nova ordem muda o jogo e as obriga a virar a casaca." Jean Cocteau, em *Cahiers Jean Cocteau: Cocteau et la mode*, nº 3 (Paris: Passage du Marais, 2004). [Estudo escrito em 1951.]

doxal em que, para não sermos aprisionados pelo tempo que passa, poderíamos desejar nos transformar em múmias antes do final... O mito da eterna juventude torna-se "um plano" para a eterna aparência de jovem. Nesse deslocamento progressivo, o ser humano não se torna mais precioso por ser efêmero, mas detestável pela mesma razão. E o corpo que ele expressa, e transmite fora de qualquer dominação possível, em perpétua mudança, segundo os nossos estados psíquicos, físicos e o tempo que passa, erótico, hiper-relacional, hiperinstável, é insuportável; é preciso congelá-lo. Ser transformado em morto-vivo antes de estar morto seria o limite vertiginoso de uma certa moda, e é possível que, em razão da excitação ansiosa suscitada por tal projeto inconsciente, a moda e os meios de comunicação nos coloquem diante de representações simbólicas particulares próximas do horror. Território modificável ao sabor do desejo, o corpo suscita tal sentimento de impotência diante da morte, angústia de castração suprema, que a dominação sobre ele, morto ou vivo, seria a única ostentação possível.

"*Cronopatas*" e tanatófilos

A tanatofilia faz parte do espírito da época e as numerosas séries policiais, repletas de cadáveres ou múmias, para serem cortados e analisados, não a desmentem: todas as investigações nos filmes se passam dentro de uma atmosfera ao mesmo tempo científica e dramática, em que equipes de polícia científica, descontraídas e concentradas, se ocupam – sem parecer que são afetadas por ele – do corpo, desnudado e transformado em simples objeto de dissecação e análise, inteiramente guiado pelas finalidades policiais. Assim, a passividade com a qual o luto se confronta desaparece em proveito de uma aparente dominação corporal *post mortem*, e o corpo, uma vez entregue para se obter as informações mais ou menos precisas sobre a causa de sua inércia, é tratado como lixo. Estamos diante de um tratamento diametralmente oposto ao proporcionado às relíquias dos santos, que são fragmentos sagrados, conservados com cuidado, e que, se supõe, podem transmitir seu espírito e seus poderes.

Na moda, sob o pretexto de mensagens sociais, uma atração pela tanatofilia instala-se. Oliviero Toscani inaugurou esse movimento há alguns anos, com diversas publicidades para a Benetton, entre as quais uma que mostrava as nádegas, o baixo-ventre e um braço de pessoas esqueléticas (das quais não se via o rosto), tatuadas com um sinal de HIV positivo em tinta violeta, marcas que evocavam diretamente as vítimas dos campos de concentração. Por ocasião de um processo na justiça francesa, o secretário do Conselho Nacional da Aids declarou: "Nada permite ao público decodificar a mensagem desta publicidade. A fotografia pode ser compreendida, em um primeiro nível, como a marca de uma discriminação de pessoas soropositivas". O presidente da Aides[*] continua nesse sentido e acrescenta: "É arriscado apresentar para o grande público uma mensagem com tal sofisticação mental". Os advogados de defesa da Benetton tiveram que dizer que se tratava de "esclarecer não somente os meios pelos quais a aids pode ser transmitida, mas também os perigos ligados ao fato de se estigmatizar alguns grupos sociais e seus modos de

---

[*] Aides: primeira associação francesa de luta pela prevenção da aids. (N. T.)

vida".[11] Esse argumento defensivo estarrecedor propunha um atalho vertiginoso e portador de confusão entre os grupos sociais, a doença grave e os processos que levam à estigmatização.

Por que a moda e sua publicidade consideram-se autorizadas a utilizar os grandes problemas da vida de maneira tão ambígua? Um lado da moda não acabaria por ter certa fascinação por aquilo que a realidade histórica da agressão ao corpo e o seu assassinato colocou nas condições extremas dos campos de concentração e dos genocídios? Apesar da negação enérgica das pulsões exibicionistas-*voyeuristas* que ali estão implicadas, estaria em jogo um projeto oculto como: exibir pela imagem de um cadáver-vivo a sedução corporal do sadismo e da morte?

Muitos não se enganam, e uma jornalista que entrevistou a jovem atriz Isabelle Caro depois do anúncio que ela fez para a marca Nolita, deu o seguinte título para seu artigo: "A sombra de si mesma", evocando de imediato "o corpo esquelético e envelhecido prematuramente", dessa jovem mulher anoréxica que diz que "roçou a morte". O que ela observa é a extrema fragilidade e a solidão desse "pequeno pedaço de mulher" de 1,65 m de altura e 32 quilos que diz não lamentar ter posado para o anúncio "Anorexia não": "Esta campanha, eu a fiz para chocar, para que as coisas mudem".[12] Essa sombra da doença que parece absorvê-la, ressaltada pelo brilho muito particular do seu olhar, é exibida por Toscani sobre as paredes italianas, e a proposta é que aqueles que veem o anúncio tirem dele

---

[11] *Blog* de ulfablabla.free.fr/index.php., 30 de julho de 2006.
[12] Marie-Ève Barbier, em *Marseille l'Hebdo*, Marselha, 3 de outubro de 2007.

deduções de prudência: com uma pseudoingenuidade que impressiona, faz-se de conta que o olhar é uma pulsão domesticável por nossa vontade consciente protegida por reflexão, e não poderia se perder em registros mortíferos como, por exemplo, nos aclimatar à extrema magreza e nos condicionar a estabelecer uma ligação entre essa magreza e a celebridade. Após o corpo despersonalizado e tatuado, o nu na moda, em destaque no anúncio, chega ao nu esquelético... Qual é a sombra que recai sobre a moda da atualidade?

Jogos cínicos?

Essas provocações da moda estão relacionadas com um fundo melancólico que opera na nossa cultura, que se adaptaria facilmente a todos os desvios de rumo, por desilusão com seus próprios projetos, por falta de investimento da civilização naquilo que ela também tem de incontrolável? Aqui, igualmente, é a publicidade da moda que pode resumir certa perturbação presente no espírito da época.

Há pouco tempo, teria sido totalmente inimaginável que um homem que foi presidente de uma grande potência mundial fizesse publicidade da mesma forma que uma estrela da indústria de produções (o general de Gaulle posar para uma fundação para a infância, o presidente Mitterrand, para um hotel de luxo, local da assinatura de um tratado europeu, etc.): a moda e sua aura atual mudaram tudo, e o antigo presidente da União Soviética, Mikhail Gorbachev, participou de uma campanha publicitária da Louis Vuitton, que tinha como tema a viagem, exatamente da mesma forma que Catherine Deneuve, Steffi Graf e André Agassi, estrelas do cinema e do esporte. O anúncio é bastante estranho: Mikhail Gorbachev está sentado no banco de trás de uma limusine com uma mala de viagem da célebre marca ao seu lado, o olhar é dirigido para o muro de Berlim que ladeia o carro. "Ele próprio propôs posar diante do muro de Berlim. Pois gostaria de ser lembrado por ter sido um dos atores da queda do muro...",[13] explica Arnaud Lagardère. A "sofisticação mental" tão particular à moda e àqueles que a apreciam está aqui nitidamente a serviço de um humor muito particular: é bastante insólito representar o símbolo da liberdade reencontrada como uma mala de marca e, provavelmente, Arnaud Lagardère intuiu que a zombaria rondava o anúncio, pois acrescenta na revista *Paris-Match*: "Não teríamos ousado pedir-lhe isso".[14] Podemos nos perguntar se a história não é convocada aqui a serviço de uma marca que elimina sua densidade, esvazia seu sentido, e transforma a noção de liberdade em uma simples possibilidade de adquirir um acessório de luxo.

Se ele realçasse ainda mais esse conluio desfigurador: liberdade, luxo e poder, esse processo iria em direção à falta de investimento naquilo que não está diretamente a serviço do poderio dos sinais-objetos. O estado de crepúsculo, em que as figuras tutelares querem ser apenas grandes crianças brincando com a própria imagem, desapareceria na história, que não se distingue mais de uma crônica popular...

---

[13] "Gorbachev, nouvelle icône de mode de la marque Vuitton", em *Le Monde*, Paris, 3 de agosto de 2007.
[14] *Ibidem.*

A moda se transforma em zombaria

Algumas vezes, em um contexto como esse, há um certo descompromisso com a própria maneira de aparecer e algumas pessoas enfiam suas roupas como se vestissem o figurino de uma peça teatral. Desenvolve-se uma espécie de jogo no qual a roupa perderia o seu valor de simbolização, e tenderia para a zombaria. Aquele ou aquela que se comportasse dessa maneira se encontraria em uma espécie de distância, em uma representação simbólica sem ligação com um si mesmo profundo, em que é possível supor que se está em outro lugar. Guillaume Erner sublinha que nos dias atuais a moda está ligada ao sarcasmo: "Graças às roupas nós podemos usar algo e ser outra pessoa, nos vestir como *hippie* e investir na bolsa, usar um uniforme de exército e participar de uma manifestação contra a guerra, escolher parecer uma mulher promíscua e permanecer casta...".[15] Ao adotar um visual, a pessoa se desconecta do vínculo que pode ter consigo mesma, da mesma forma que atualmente os costureiros apresentam em seus desfiles modelos desconectados da realidade, indumentárias estranhas não destinadas a ser usadas, mas que são exibidas somente para mostrar as proezas dos estilistas, impressionar, até mesmo chocar, e o resto torna-se quase secundário... Estaríamos vivendo alguma forma de nostalgia?

Essa forma de desligamento seria uma maneira de conservar em si um pesar e uma fidelidade para com uma configuração particular da infância, em que não é o polo de identificação com seus prazeres que está em jogo, mas principalmente o

---

[15] Guillaume Erner, *Victimes de la mode?* (Paris: La Découverte, 2004), p. 219.

fato de vestir uma roupa sem nenhuma consequência. Parece que se procura manter a criança que se disfarça e provoca a admiração e o prazer de seus pais, aquele ou aquela que pode permitir tudo. Essa desconexão com a realidade, às vezes, pode assumir outro aspecto, quando nenhum projeto, grande ou pequeno, ocupa o horizonte pessoal, é o corpo, instituído como um fetiche, que ocupa lugar central na vida psíquica.

A sombra do si mesmo corporal grandioso se lança sobre o eu

Quando é instituído como um fetiche, o aspecto corporal ocupa lugar muito central na vida psíquica, e, por ocasião de uma dificuldade pessoal sentida como intransponível, um processo próximo do funcionamento da melancolia, descrito por Freud, pode se iniciar. Para explicar algumas depressões profundas, Freud levantou a hipótese de que, por ocasião da perda de um objeto muito investido de significado – a morte de um ente querido ou o final de uma relação amorosa, por exemplo –, pode acontecer que em lugar de um luto normal, que dura certo tempo, o estado de luto se prolongue. Tudo se passa como se esse objeto que nos deixa impusesse um remanescente vazio que não consegue preencher-se no interior de si, sob a forma de sua sombra: "A sombra do objeto se lança por conseguinte sobre o eu".[16] Da mesma forma, a melancolia da moda pode levar aquele ou aquela que só consegue investir em si mesmo, por meio da imagem visual do próprio corpo

---

[16] Sigmund Freud, "Deuil et mélancolie", em *Métapsychologie* (Paris: Gallimard, 1968), p. 158.

idealizado, jovem, perfeito e permanente (imagem que alimenta o visual-auto-*sexy*), a não poder suportar separar-se dele. Ele ou ela encontra-se, como vimos, em luta com um funcionamento corporal em que houve um superinvestimento, transformado em fetiche, aquele "anterior", maltratado, mas invejado, ídolo interno que continua a agir no presente sobre o conjunto do funcionamento psíquico. E é a partir desse ídolo interno que o indivíduo se avalia permanentemente, sem levar mais nada em conta. Nisso o visual-auto-*sexy*, caso ele domine completamente, poderia aproximar-se do narcisismo da morte, tal como descreve André Green:

> O eu promete o céu e abandona o amor terrestre onde a vida se enraíza. Ele tornou-se o apólogo da morte devido ao seu afastamento de Eros, o amor (substitutivo) dele mesmo que não pode ser equivalente ao Eros no qual estão investidos os objetos. Em suma, a conotação narcisista passou aqui de um narcisismo de vida para um narcisismo de morte.[17]

Essa configuração, parece, encontra-se cada vez com maior frequência entre os obcecados pelo infantilismo corporal, os novos seres híbridos da moda: os velhos jovens que deixam apenas a seus *jeans* a possibilidade de parecer usados e envelhecidos.

Há alguns anos a metáfora proposta pela moda, que, tradicionalmente, tinha em mira o deslocamento do tempo para, em relação à nossa finitude, recuperar a liberdade cotidiana, parece perder seu valor organizador de nossos medos do declínio e deixar o campo livre para a inveja e o confronto

---

[17] André Green, *Le travail du négatif* (Paris: Minuit, 1993), p. 303.

agressivo em relação a si mesmo. Sinal de que não se investiu suficientemente alguma coisa de si no vínculo com o tempo e suas passagens (tornar-se adulto e suas prerrogativas, aceitar envelhecer e ter com isso certas vantagens). E, diante dessa falha da organização da temporalidade simbólica, que coloca a moda fora do jogo, se bem que a corteja esperando poder escapar dela, só nos restaria morrer jovem: fora dessa única saída, não há salvação!

Conclusão

A última moda

O olhar e as relações complexas de cada um de nós com o tempo – cujos efeitos desejamos deter ou aproveitar o imediatismo – revelaram-se ser os organizadores íntimos do movimento que pode nos impelir ao desejo de estar na moda. Todos nós, mais ou menos "*cronopatas*", mesmo que não seja no campo do vestuário, quando vivemos no passado ou corremos atrás de um futuro melhor com a ideia de que nos falta tempo, podemos estar atentos aos olhares e às diminuições do olhar, tal como a abordagem da psicanálise nos permite compreender, e sentir que as *fashion victims,* ou outros escravos do parecer, apenas exageram as atitudes que cada um pode adotar mais ou menos conscientemente.

As manifestações da moda não são separáveis de um processo de civilização mais geral. Todas as evoluções que eu pude estudar até aqui permitem esboçar os contornos de uma mudança na moda, principalmente aquela destinada à demonstração de poder, criatividade e sedução. O polo narcisista torna-se de tal maneira prevalecente que modifica o curso do processo no seu conjunto e o torna mais estreito. O poder da criação coloca-se unicamente a serviço de uma rivalidade sem objeto e a sedução torna-se, antes de tudo, a necessidade de agradar a si em um registro de idealização da aparência responsável por representar o conjunto do nosso ser. Mas em lugar desse "retorno *fashion* sobre si", promovido pelo espírito da época, o poder de criação só produz Narcisos modernos, insensíveis a outrem, mergulhados em uma autoadmiração permanente, hiper "visuais-auto-s*exy*" bastante sossegados; uma forma de vertigem apoderou-se do tempo. Para as *fashion victims* – mas não somente para elas –, o tempo tornou-se um verdadeiro inimigo e o olhar é ameaçado por formas inéditas de "extinção": são necessários cada vez mais excitantes para os registros de pulsões parciais, ele espera a ocasião de ser maltratado pelo exibicionismo-*voyeurismo*, ele banaliza os tabus, ele perde o discernimento das diferenças quer seja a de sexos, quer seja a de gerações. Dentro do mesmo movimento, ele se fecha sobre si mesmo como único horizonte, com o perpétuo risco de autodecepção...

Por definição a moda se põe na vanguarda do novo, mas não tem certeza de que o futuro seja estimado e, na "última moda", o apelo à novidade às vezes só mascara que não é o futuro, mas o passado psíquico que é o motor: "De qualquer maneira, agora, com os olhos ofuscados pelas irisações, as opalizações ou cintilações, não poderíamos olhar, sem desgosto, alguma coisa tão vaga como o Futuro."[1] Na atualidade, a última moda se radicaliza e pode chegar até a assumir aspectos de fim iminente, ela será verdadeiramente a última, um "não futuro" apenas disfarçado, de tal modo parece impossível a aceitação do tempo que passa. Quando o tempo é percebido como uma imposição implacável e quando a totalidade do narcisismo limita-se ao corporal, inicia-se uma luta sem mercê entre o novo e o constante, em uma mudança radical curiosa, em que a recusa do temporário vem tomar o lugar do jogo com o efêmero que definia, não obstante, a moda. Para escapar desse sentimento de submissão ao tempo, alguns não hesitam em agir sobre si mesmos para controlar por todos os meios – mesmo ao custo da autodestruição – qualquer mudança que se tornou impossível de ser vivida a não ser como uma perda insuportável.

As perspectivas futuristas daqueles que se interessavam pela moda no século XX eram, no entanto, otimistas. Flügel imaginava em particular que

> a valorização do corpo por meio de roupas reduzidas, mas decorativas à custa de uma função relativa ao vestuário restrita e de importância menor, podia progressivamente constituir uma etapa importante cultural e ética na história e no desenvolvimento da roupa, na medida em que ela implica uma harmonização crescente de ideais erótico e cultural e de realidades verdadeiras do corpo humano.[2]

---

[1] Stéphane Mallarmé, *apud* Michel Draguet, *Mallarmé: écrits sur l'art* (Paris: GF, 1998), p. 118.
[2] John Carl Flügel, *Le rêveur nu* (Paris, Aubier-Montaigne, 1982), p. 209. [1ª ed. 1930.]

Ele até pensava poder considerar as roupas como algo que havia se tornado inútil para a humanidade.

Estamos verdadeiramente neste caminho atualmente? Se as fontes atuais da moda a tornam ainda extremamente inventiva e lúdica, e, se a dimensão do jogo para si e entre si e os outros permanece, felizmente um motivo poderoso para continuar a amá-la, não obstante, apareceu uma forma de violência relativa ao vestuário que "não faz mais parte do jogo", na qual não é mais a harmonia entre o erótico e a cultura que permanece como centro, e na qual a degradação da sexualidade e o ataque contra a sublimação conduzem a provocações sem limites. Podemos ainda manter um certo otimismo considerando que esse movimento é apenas uma etapa, talvez tornada necessária pelas formas de violência com as quais a história recente nos confrontou? Ao assumir tal lugar no terreno da moda, insinuando-se em todos os tipos de elementos que operam de estação em estação, uma parte da violência poderia continuar a ser representada nas múltiplas experiências mais ou menos sublimadas, em lugar de agir diretamente. Esse período transitório continuaria, apesar de tudo, a oferecer um caminho para o outro diferente de si, por meio de dispersão e de rupturas de códigos.

Desde o início da escrita deste ensaio o tempo passou, fazendo surgir interrogações diferentes e outros aspectos a explorar sobre os vínculos tão complexos que a moda mantém com a vida psíquica... Mas, para terminar este primeiro esboço, parece-me mais do que nunca acertado poder voltar a um elemento essencial: a nobreza da moda constitui também as formas de abertura que ela oferece às provações da vida, como quando Priscille L. me diz:

É como um dever e um prazer que eu tenho de me vestir bem a cada manhã, de estar na moda, de acordo com o estilo atual. Eu perdi minha mãe quando tinha 3 anos, ela era costureira, eu creio que herdei dela esse amor pelas roupas, e diante do espelho eu imagino que ela me vê e que isso lhe causa prazer. Eu, eu começo bem o meu dia!

Começar bem um dia, sentir-se em sintonia com o espírito da época por um instante, nem que seja por alguns segundos, ter os olhos abertos para "o belo dia de hoje", e lhe conceder – porque ele é fugitivo – o maior valor, será talvez isso que torna a moda tão preciosa, diante da lembrança deliciosa e terrível de nosso destino efêmero?